ADMINISTRANDO RELACIONAMENTOS

Jagdish Parikh

ADMINISTRANDO RELACIONAMENTOS

A DINÂMICA DO SUCESSO ENTRE
VIDA E TRABALHO

Tradução
ADAIL UBIRAJARA SOBRAL
MARIA STELA GONÇALVES

EDITORA CULTRIX
São Paulo

Título do original: *Managing Relationships.*

Copyright © 1999 Jagdish Parikh.

Publicado mediante acordo com a Capstone Publishing Ltd., por meio da The Susie Adams Rights Agency, UK.

This edition published under licence from Capstone Publishing Ltd. via The Susie Adams Rights Agency, UK.

Todos os direitos reservados. Nenhuma parte deste livro pode ser reproduzida ou usada de qualquer forma ou por qualquer meio, eletrônico ou mecânico, inclusive fotocópias, gravações ou sistema de armazenamento em banco de dados, sem permissão por escrito, exceto nos casos de trechos curtos citados em resenhas críticas ou artigos de revistas.

All rights reserved. Except for the quotation of short passages for the purposes of criticism and review, no part of this publication may be reproduced, stored in a retrieval system, or transmitted, in any form or by any means, electronic, mechanical, photocopying, recording or otherwise, without the prior permission of the publisher.

O primeiro número à esquerda indica a edição, ou reedição, desta obra. A primeira dezena à direita indica o ano em que esta edição, ou reedição, foi publicada.

Edição	Ano
1-2-3-4-5-6-7-8-9-10	02-03-04-05-06-07-08

Direitos de tradução para o Brasil
adquiridos com exclusividade pela
EDITORA PENSAMENTO-CULTRIX LTDA.
Rua Dr. Mário Vicente, 368 – 04270-000 – São Paulo, SP
Fone: 272-1399 – Fax: 272-4770
E-mail: pensamento@cultrix.com.br
http://www.pensamento-cultrix.com.br
que se reserva a propriedade literária desta tradução.

Impresso em nossas oficinas gráficas.

Sumário

Agradecimentos 9

Prefácio 11

Introdução: Sobre os Relacionamentos 13

Parte Um: Definição de Relacionamentos 29

Parte Dois: A Dinâmica dos Relacionamentos 73

Parte Três: Aprofundar os Relacionamentos 99

Administrar relacionamentos: compreender e aprimorar a vida.

Dedicado a

Shaila

Prashant & Avani   Anuradha & Dev

Neal & Ishan

Agradecimentos

Ao longo dos anos, conheci, ouvi e li muitos pensadores e autores. Neste livro, destilei conceitos e processos relevantes para o tema deste livro a partir de todas as coisas que aprendi de outras pessoas, integrando-as de uma maneira que torne tanto profunda como prática a abordagem da questão dos relacionamentos.

Continuo em dívida para com todas as inúmeras fontes que influenciaram este livro. É de fato lamentável que eu não possa identificá-las individualmente para agradecer-lhes as contribuições.

Prefácio

Este é um livro diferente que pretende marcar época. Podemos considerá-lo um livro de livros. Há um número incalculável de livros que abordam a variedade de tópicos aqui incluídos. A diferença reside no fato de este livro exibir uma visão panorâmica — uma visão a partir de um helicóptero, por assim dizer — dos aspectos e questões mais relevantes que afetam a vida e a carreira de cada um de nós no ambiente contemporâneo e emergente.

O foco do livro é a questão dos *relacionamentos*. Em todas as dimensões da vida — pessoal, profissional e pública —, o elemento vital, a principal competência que determina o fracasso ou o sucesso, a felicidade ou o sofrimento, é a capacidade de administrar os relacionamentos com que estamos envolvidos, seja interior ou exteriormente: com a dinâmica interior no nosso próprio eu; e com a dinâmica exterior, entre as pessoas, as coisas, os eventos e as idéias.

Naturalmente, tentar escrever sobre uma área tão "abrangente" é uma tarefa impossível. Ainda que se escrevesse um tratado exaustivo e elaboradíssimo acerca de um campo de tal vastidão, quem seria capaz de lê-lo e assimilá-lo? Não obstante, a cada dia que passa assume maior importância e urgência, não apenas de que todas as pessoas que têm uma carreira profissional se tornem eficientes e eficazes no âmbito dos relacionamentos que as cercam, como estabeleçam um equilíbrio duradouro entre a vida pessoal e a profissional: *gozar a vida enquanto se ganha a vida*.

Tendo em mente esses objetivos, a minha abordagem foi dúplice: abarcar todo o assunto em pouco mais de 100 páginas, e fazê-lo num estilo não-narrativo, simples, claro e prático. Talvez isso faça com que se corra o risco de o livro ser curto demais, o que às vezes pode ser interpretado como não tendo suficiente profundidade, ou o risco oposto, de tornar alguns assuntos demasiado densos. Corri esses riscos na esperança de que o material oferecesse ao leitor pelo menos um panorama conceitual abrangente das megainterrogações que hoje nos afetam, ao lado de algumas sugestões e recursos, profundos e essenciais, porém práticos, para ser um líder eficaz na vida pessoal e no trabalho.

Quem sabe isso não irá fazer com que as pessoas deixem de lado uma visão de mundo fragmentada, que resulta em relacionamentos distorcidos e frustrados, e adotem uma visão da vida mais integrada e profissional, que leve a relacionamentos e estilos de vida mais criativos e gratificantes.

— *Jagdish Parikh*

Introdução

O vínculo entre energia e matéria...
A ligação entre observador e observado...
A interconexão entre o espaço e o tempo...
A unidade das forças fundamentais
que impulsionam o universo...
Quando entramos em contato com esses conceitos
da física moderna, acenamos com a cabeça
em sinal de assentimento.
Em cada um de nós, seja qual for a especialidade,
esses termos ressoam.
Intuitivamente, sabemos que eles descrevem
uma grande realidade.
No início do século XX, o físico Albert Einstein
deu a essa realidade o nome de *relatividade*.
Na nossa própria vida, conhecemos e vivemos
essa realidade na forma de *relacionamentos*.

Toda a nossa vida é feita de relacionamentos: um sistema de interligações complexas e em constante mutação.

O nosso sucesso e a nossa felicidade têm uma ligação direta com a nossa capacidade de administrar os nossos relacionamentos com as pessoas — em casa, no trabalho, em todo e qualquer lugar —, bem como com toda a gama de coisas, eventos e idéias que nos cercam.

Levar uma vida dotada de sentido consiste em aprender a criar e manter relacionamentos dotados de sentido ao nosso redor e em todos os aspectos. Embora estejamos aqui diante de algo profundamente pessoal e subjetivo, que tem por base a personalidade e as percepções de cada um, alguns dos padrões e processos da criação dos relacionamentos têm natureza universal. Uma vez que compreendamos algumas características fundamentais da natureza humana e da natureza dos relacionamentos, poderemos usar esse entendimento na construção de relacionamentos eficazes.

Para tal, precisamos cultivar introvisões acerca do *contexto* que circunda os relacionamentos, da *estrutura* que molda esses últimos, e dos *processos* que são a sua mola-mestra. Podemos e devemos adquirir e aplicar os conhecimentos, capacidades e atitudes necessários à administração dos nossos relacionamentos, visto que, ao fazê-lo, vamos descobrir que forjamos o *elo perdido* da realização pessoal.

Isto é, em essência, gozar enquanto se ganha a vida.

O CONTEXTO: UM NOVO ESPELHO

Temos antes de tudo de compreender o contexto mais amplo no qual administramos os nossos relacionamentos, ou seja, a *natureza da realidade* — o nosso "universo" e todos os seus elementos. A realidade, concluímos depois de alguma reflexão, é muito mais "dinâmica" e "interativa", bem como influenciada pelo nosso modo de ver as coisas, do que possamos ter nos dado conta.

A maioria de nós herdou (e reforçou ao longo da formação escolar formal) uma concepção da realidade que se baseia na física newtoniana clássica. A ciência de Newton foi em sua época um farol em meio às trevas, mas a sua "sombra alongada", para citar Ralph Waldo Emerson, "nos toldou a visão, fazendo que perdêssemos de vista o brilho potencial de cada dia que passa".

Em conseqüência, para apreciar de modo pleno a vida, e o seu real alcance e escala, temos de adquirir uma "percepção" profunda da realidade, assim como nos relacionar com ela — por meio da compreensão dos alicerces da "nova física", que constitui um espelho mais fiel da realidade do que a física clássica que vem moldando o nosso pensamento. Logo, antes de tratar do tema dos relacionamentos, façamos uma breve excursão pelo mundo pós-newtoniano, para nos tornarmos capazes de perceber e procurar entender a questão de maneira mais aprofundada e plena de sentido.

A física moderna teve início há quase um século, quando Einstein começou a contemplar o universo. Em 1905, ele publicou um artigo sobre o que chamou de "princípio da relatividade restrita". Ali, alegava que a energia e a massa (ou matéria) *são manifestações diferentes da mesma realidade*. Numa seqüência publicada em 1917, Einstein apresentou uma equação que exprimia a equivalência entre matéria e energia, a famosa "$E = mc^2$", onde E é energia, m é matéria e c é velocidade.

Para todos nós, seja qual for o nível de conhecimento científico que tivermos, as implicações da teoria de Einstein são inevitáveis. Einstein demonstrou que *elementos que parecem muito diferentes, desvinculados entre si ou apartados, podem na verdade ter profundas ligações ou relações entre si* (no exemplo, temos energia e massa) *e podem ser sobremodo interdependentes*.

No século passado, as descobertas fundamentais de Einstein sobre a relatividade profunda do universo físico levaram a muitas outras — mais recentemente, e causando furor, a uma nova teoria apresentada como teoria unificada de toda a matéria do universo. Einstein acreditava que toda a matéria é de alguma maneira unificada, mas só pôde provar um dos aspectos dessa unificação. Sua teoria da relatividade geral explicava apenas a gravidade, mas não os três outros campos de que é formado o nosso universo (a força eletromagnética, a força nuclear forte e a força nuclear fraca — veja a Figura 1). Coube à mecânica quântica provar e estabelecer as unidades nesses campos.

Há bem pouco tempo, a teoria das "supercordas" ajudou a associar a teoria da relatividade de Einstein com a física quântica, oferecendo-nos uma teoria unificada — a percepção, nas palavras do físico Michio Kaku, da Universidade da Cidade de Nova York, de que "as quatro forças fundamentais que governam o nosso universo são na verdade manifestações diferentes de uma única força unificadora, governada pela supercorda".

Segundo Kaku, a teoria das supercordas nos desafia a "rever a nossa compreensão da natureza da matéria". Da época dos gregos até muito recentemente, os cientistas supunham que o universo se compõe de partículas diminutas. Demócrito as denominava *atomos*; nós as chamamos de *átomos*. A teoria das supercordas afirma que essas partículas contêm alguma coisa ainda menor — minúsculas cordas, para além dos elétrons, dos nêutrons, dos prótons e até dos quarks, que formam "todas as coisas; do nosso corpo à estrela mais remota". As cordas se movem ou vibram, de modo muito semelhante ao das cordas de um instrumento musical. A matéria é feita de partículas que são modalidades diferentes de vibração das

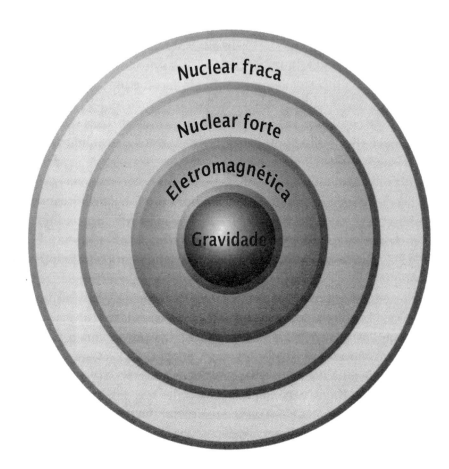

Figura 1. Forças físicas exteriores.

cordas. Essas partículas assemelham-se a notas musicais. "A 'música' criada pelas cordas é a própria matéria", escreve Kaku. Vamos analisar isso de modo mais elaborado na Parte Três, conclusiva.

AS LIMITAÇÕES DA NOSSA VISÃO DE MUNDO ATUAL

Então o universo é uma sinfonia? Isso nos leva para bem longe do mundo confinado do átomo! A física clássica baseia-se no pressuposto de que, "para compreender o todo, tem-se de conhecer as partes", que deu origem a um pensamento analítico, mecanicista, determinista e reducionista. Não há dúvida de que a concepção clássica possibilitou grandes avanços científicos e tecnológicos, bem como progressos materiais, sem precedentes. Na realidade, de certo modo foi ela que fez nascer a nova física. Contudo, sua visão limitada e estreita da realidade originou um pensamento fragmentado e, portanto, distorções nos nossos relacionamentos, tanto fora de nós como no nosso íntimo.

A concepção convencional da realidade fundada na física clássica foi ultrapassada — não apenas pelo advento da física quântica, mas também pelo ritmo acelerado de mudança que nos cerca. O mundo em que vivemos é um universo bem distante daquele que moldou o pensamento de Newton há 300 anos. Os últimos séculos foram dominados por revoluções — a revolução agrícola, a revolução industrial, a revolução tecnológica e, há menos tempo, a revolução informacional. Houve um fenomenal progresso intelectual, tecnológico e material. A magnitude e o ritmo da mudança continuam a se dilatar, o que gera uma assoberbante complexidade, uma incerteza crescente e um conflito persistente em muitos níveis da nossa vida e dos nossos relacionamentos.

> *Então o universo é uma sinfonia? Isso nos leva para bem longe do mundo confinado do átomo!*

A presença duradoura de uma visão de mundo baseada na ciência antiga, combinada com as rápidas alterações no nível global, fez que surgissem atitudes "separatistas" e, portanto, relacionamentos fragmentados. Para mudar isso e cultivar relacionamentos mais integrados e harmoniosos em nosso íntimo e ao nosso redor, temos de aprender a pensar em termos da cosmologia dos relacionamentos. Temos essencialmente de criar uma "teoria unificada" para os nossos relacionamentos — para a nossa vida.

Temos de aprender a pensar em termos da cosmologia dos relacionamentos.

Como pode uma teoria unificada da vida nos modificar enquanto seres humanos — mudar a nossa percepção da realidade, a nossa concepção de nós mesmos, os nossos valores, as nossas crenças, o nosso comportamento e os nossos relacionamentos?

Mesmo que se pense por um breve instante, vê-se que a "nova física" é relevante quanto a isso, tanto em termos de conceitos como em termos de experiência. A nova física afirma que a realidade última é uma complexa teia de inter-relações, um intricado sistema composto por subsistemas autônomos e auto-organizados. Por conseguinte, para compreender qualquer das partes, temos de compreender o todo, os sistemas mais amplos a que pertencem. Nesse sentido, *tudo está interligado — trata-se de uma série de relacionamentos no interior de um grande relacionamento.* Administrar mesmo um único relacionamento exige uma consideração mais profunda da natureza fundamental e da interligação, uma teoria unificada, de todos os relacionamentos.

Administrar mesmo um único relacionamento exige uma consideração mais profunda da natureza fundamental e da interligação de todos os relacionamentos.

O PARADOXO DO SUCESSO

No nível da sociedade como um todo, a partir de índices de realização científica, tecnológica e econômica, um ponderável segmento da humanidade está melhor hoje do que em qualquer outra época. Basta pensar no fato simples da expectativa de vida. Em 1900, a duração média da vida de um cidadão de nações desenvolvidas era inferior a 50 anos; hoje, essa duração chega perto dos 80. A jornada semanal de trabalho se reduziu, a remuneração é melhor, e o consumidor tem mais opções à sua disposição.

Ao mesmo tempo, contudo, a raça humana parece ter *regredido* em muitos outros aspectos. Lemos todo dia sobre problemas dos quais nem se falava na geração dos nossos avós: doenças psicossomáticas, assassinatos, suicídios cometidos por pessoas aparentemente "felizes" — o executivo de alto nível, o estudante brilhante, o vendedor-modelo, o político em ascensão, e assim por diante!

Claro que só umas poucas pessoas são perturbadas a ponto de cometer violências, porém, outras formas de negatividade, como a depressão crônica, tornaram-se sobremodo comuns na nossa sociedade. As vendas de remédios que alteram o estado de espírito, como o famoso (ou infame) Prozac, continuam a aumentar — o que indica que precisamos de ajuda até mesmo para passar pelo processo simples de viver um dia normal: a administração mesmo dos relacionamentos cotidianos mais elementares com as pessoas, com as coisas e com os eventos.

A que se deve tanta angústia e ansiedade? Uma possibilidade é que, como resultado do sistema de produção e de consumo em massa advindo das revoluções industrial e tecnológica, o indivíduo se tornou vítima de uma especialização excessiva e, de certa maneira, ficou mais "padronizado". Isso debilita o nosso sentido pessoal de valor e nos retira a capacidade de nos relacionar com o nosso próprio eu e com o ambiente circundante de modo apropriado.

Além disso, o sistema socioeconômico global, o crescente poder dos meios de comunicação de massa, dirigidos em larga medida por interesses comerciais e a carência de estímulos relevantes em termos de valores esclarecidos, vindos seja do sistema escolar seja da cultura familiar, fizeram que muitas pessoas, especialmente nos países desenvolvidos (ainda que os países em desenvolvimento não estejam longe disso), se sentissem alienadas, "descartáveis" e inseguras.

Podemos estar bem coletiva e exteriormente, mas em termos individuais e interiores, muitos de nós estão apresentando um desempenho abaixo da média.

Desse modo, podemos estar bem coletiva e exteriormente, mas em termos individuais e interiores, muitos de nós estão apresentando um desempenho abaixo da média.

Descrevo essa situação irônica como o "paradoxo do sucesso"; em meio a conquistas científicas e tecno-econômicas sem precedentes, temos uma cultura predominantemente aquisitiva e agressiva que não está em paz consigo mesma — uma situação de relacionamentos distorcidos.

Aprendemos a dividir o átomo, mas ainda não sabemos como unir o mundo; aprendemos a nos aproximar dos planetas distantes, mas não das outras pessoas! Temos tido um fenomenal sucesso na melhoria do nosso "*padrão de sobrevivência*" no nível material, mas fracassamos no plano do aprimoramento do nosso "*padrão de vida*" no nível da experiência.*

Aprendemos a dividir o átomo, mas ainda não sabemos como unir o mundo; aprendemos a nos aproximar dos planetas distantes, mas não das outras pessoas!

Em nossos dias, a chamada boa economia costuma ser má ética e má ecologia — para não mencionar psicologia —, o que mostra que o nosso "padrão de comportamento", tal como

---

* O autor faz um jogo de palavras com "standard of living" e "standard of life", o que gerou essa alternativa, usada de outra maneira no subtítulo. (N.T.)

o avaliam índices ético-ecológicos, sofreu deterioração. Isso significa essencialmente que os nossos relacionamentos com as pessoas, com as coisas, com os eventos e com as idéias solaparam os progressos que fizemos em algumas das outras dimensões da vida. Um padrão de *sobrevivência* elevado implica *coisas* melhores; um padrão de *vida* elevado envolve *pensamentos e sentimentos* melhores; um padrão de *comportamento* elevado se traduz em *relacionamentos* melhores — e *tudo isso* leva a uma maior realização e bem-estar pessoais. Vai se tornando cada vez mais claro que o propósito da vida não se restringe a ganhar o sustento. A vida tem muito mais coisas a oferecer além do trabalho, e o próprio trabalho não se limita ao trabalhar. Perguntamos: "É só isso que existe?" O elemento extra — o "mais" que está faltando — reside nos relacionamentos. Podemos fazer uma diferença positiva nos nossos relacionamentos — e temos de fazer.

A BUSCA DO SENTIDO

No nível pessoal ou individual, temos de dotar a vida de mais sentido e de mais satisfações. Chegamos a este mundo sem ser "consultados", ou pelo menos informados do motivo de nos encontrarmos aqui ou de qual é o propósito da nossa vida! A ciência e a tecnologia nos proporcionaram muitas coisas que elevaram o nosso padrão de sobrevivência. Temos mais dinheiro, mais poder, melhores posições, prestígio, etc., que de modo geral são considerados componentes do sucesso. Buscamos obtê-los, em última análise, para nos sentir "bem", satisfeitos, felizes. Contudo, apesar do crescente acesso a esses elementos, muitas pessoas não tiveram a experiência de uma felicidade maior. Na realidade, inúmeras delas admitem viver hoje maiores frustrações, mais medo, mais *stress*, mais conflitos e desilusões, etc. do que em qualquer outro momento da vida! (Veja a Figura 2.)

O QUE QUEREMOS (alguns exemplos)	O QUE CONSEGUIMOS (alguns exemplos)
♦ Sucesso ♦ Realização ♦ Situações desafiadoras ♦ Poder ♦ Responsabilidade ♦ Dinheiro ♦ *Status* ♦ Reconhecimento ♦ Saúde ♦ Harmonia familiar	♦ Frustração ♦ *Stress* ♦ Diversão ♦ Conflitos ♦ Prazos apertados ♦ Situações desafiadoras ♦ Satisfação ♦ Problemas ♦ Amizades ♦ Tédio

Figura 2. O paradoxo do sucesso:
equilíbrio entre o que queremos e o que conseguimos.

Qual a causa disso? Basicamente, não há nada de errado ou de ruim nesses fatores de sucesso, no dinheiro, no poder, na posição, etc. O problema está no nosso modo de perceber esses elementos de sucesso e buscar obtê-los, bem como na maneira como nos relacionamos com eles. Eis por que, embora sejamos mais bem-sucedidos no sentido convencional, isto é, apesar de termos cada vez mais dinheiro, mais poder, mas prestígio, etc. a fim de ficar proporcionalmente mais "felizes", não apenas a maioria das pessoas não parece sentir-se mais feliz, como também, e já o observamos, elas parecem ter mais frustrações, mais insegurança, mais conflitos e até mais medo do presente do que antes! Se é assim, temos de perguntar: Passamos a ter uma vida mais plena de sucesso ou uma vida bem mais vazia de sentido?

> Passamos a ter uma vida mais plena de sucesso ou uma vida bem mais vazia de sentido?

Precisamos levar uma vida não apenas "bem-sucedida", materialmente agradável e segura, mas também dotada de sentido, que traga de fato a realização pessoal e a satisfação, uma vida "feliz". O que de fato queremos é ter uma experiência mais positiva na nossa vida, isto é, sentimentos mais positivos — algo que só pode advir de uma nova maneira, um modo melhor, de nos relacionarmos com a vida e com os seus vários elementos.

Não obstante, temos também de nos dar conta de que essas duas dimensões, o sucesso e a felicidade, são aspectos que em tudo diferem entre si, e cometemos uma grave falácia ao supor e esperar que um seja extensão do outro: sucesso significa *"obter o que se quer"*, enquanto felicidade se traduz como *"querer o que se obtém"*! Queremos na nossa vida tanto o sucesso como a felicidade. O dilema ou o desafio da vida é portanto se empenhar continuamente em "obter o que se quer" e ao mesmo tempo ter a capacidade de "querer o que se obtém" — algo que, mais uma vez, acentua a

> Sucesso significa *"obter o que se quer"*, enquanto felicidade se traduz como *"querer o que se obtém"*!

necessidade de cultivar a capacidade de administrar com mais eficácia os nossos relacionamentos, que se distribuem em vários níveis e dimensões.

A RESPOSTA: RELACIONAMENTOS MELHORES E MAIS PROFUNDOS

De que modo podemos elevar esses padrões — de sobrevivência e de vida (ter sucesso e felicidade) — e criar uma síntese e mesmo uma sinergia entre eles: *Como podemos gozar a vida enquanto ganhamos a vida?* Para alcançar esse objetivo, temos de identificar o que nos fez entrar em nossa crise atual, articular os desafios em vários níveis de nossa vida e apresentar algumas sugestões práticas e eficazes para promover as mudanças desejadas em nossa vida — nos nossos relacionamentos multifacetados.

Na conquista de uma vida mais profunda e mais dotada de sentido, bem-sucedida e satisfatória, ocupa lugar de destaque a necessidade de desenvolver relações positivas com as pessoas no nível mais imediato e intenso e, além deste, com outras pessoas, com as coisas, com os eventos e com as idéias. Temos de admitir que os relacionamentos não são algo que simplesmente acontece; é necessário um esforço significativo para cultivar relacionamentos autênticos e torná-los duradouros. Na verdade, se tudo na vida são relacionamentos, todos os problemas que enfrentamos são uma decorrência da administração deficiente dos relacionamentos.

E qual a causa desse problema que enfrentamos, o da administração deficiente dos relacionamentos?

Uma das afirmações de Einstein citadas com mais freqüência é: "Os nossos problemas atuais nunca poderão ser resolvidos no mesmo nível de pensamento no qual estávamos quando os criamos". E, depois, com ar triste, ele diz: "Com a fissão do átomo, com o advento da física subatômica, tudo se alterou, exceto o nosso nível de pensamento, e por isso estamos caminhando para um desastre sem precedentes." A que nível diferente de pensamento pode Einstein estar se referindo? É provável que ele esteja mencionando um nível de pensamento que tenha por base uma compreensão mais profunda da "realidade" e, nesse contexto, com um nível maior de consciência da nossa própria identidade e dos relacionamentos humanos com os quais estamos envolvidos.

Por infelicidade, a maioria das pessoas não pensa no que está pensando — e isso é algo para se pensar!

Isso implica que, nos cenários emergentes e no contexto da rápida globalização de todos os relacionamentos, seria desejável ter um nível integrador de pensamento, uma abordagem "global" destinada a desenvolver um modelo de relacionamentos melhores e mais profundos: integrar o conhecimento ocidental com a sabedoria oriental — a "atitude científica" do Ocidente com as "introvisões intuitivas" do Oriente.

A maioria das pessoas não pensa no que está pensando.

Este livro oferece, tendo esse objetivo em vista, algumas sugestões para a síntese entre a tecnologia do "como garantir a sobrevivência", que se baseia no saber ocidental, com a psicologia do "como viver", cujo fundamento são idéias da psicologia oriental tradicional.

Mas os conceitos deste livro não são apresentados para refutar nem para negar a religião ou as ideologias como fonte de significado e de orientação na vida humana. Na verdade, os conceitos nele contidos são compatíveis com todos os grandes credos e sistemas de crenças contemporâneos e predominantes. As idéias dele não devem pois ser entendidas como um suplemento a esses credos e sistemas, nem como substitutas deles.

O "-ismo" aqui não é religioso nem político, mas prático: chamemo-lo de "pragmatismo"

Este livro sintetiza a tecnologia do "como garantir a sobrevivência", que se baseia no saber ocidental, com a psicologia do "como viver", cujo fundamento são idéias da psicologia oriental tradicional.

(que não se deve confundir com o movimento filosófico conhecido como "pragmatismo"). Este nosso pragmatismo, que enfatiza os relacionamentos harmoniosos como a base fundamental do bem-estar espiritual e material do ser humano, pode se tornar um importante "movimento" de promoção do nosso futuro. Este livro tentou apresentar a abordagem mais abrangente e integradora, e o alicerce mais relevante, eficaz e harmonioso possíveis da "percepção e da vinculação" — a fim de servir como infra-estrutura para todos os níveis e dimensões do relacionamento: *oferecer o elo perdido para que se goze a vida enquanto se ganha a vida.*

Tendo isso em vista, nas páginas seguintes teremos por guia uma perspectiva pragmática enquanto examinamos:

- **definição de relacionamentos** (o "quê") — Parte Um
- **a dinâmica dos relacionamentos** (o "porquê") — Parte Dois
- **aprofundar os relacionamentos** (o "como") — Parte Três

O que é um relacionamento? Em geral, pensamos que os relacionamentos existem apenas entre as pessoas.

Há contudo outras dimensões, pois temos relacionamentos com coisas, eventos e idéias, e com a nossa "dinâmica interior" e o nosso "eu" mais íntimo, como mostra a Figura 3.

Como se vê, os relacionamentos exibem cinco dimensões principais: *o Eu interior, as outras pessoas, as coisas, os eventos e as idéias.* Há em cada uma dessas dimensões diferentes tipos de relacionamento. Além disso, todas essas dimensões dos relacionamentos e tipos de relacionamento existem em três níveis principais da vida: *o pessoal, o profissional e o público*, como mostra a Figura 4. Para fins de simplicidade, essas três arenas foram mostradas na Figura 4 como se fossem mutuamente exclusivas, embora na verdade haja entre elas algum grau de sobreposição.

Em outros termos, na qualidade de indivíduos, temos responsabilidades e relacionamentos em todos esses níveis e dimensões, e a nossa eficácia na vida está na dependência direta da nossa eficiência na administração desses relacionamentos (veja a Figura 5).

TRÊS NÍVEIS DE RELACIONAMENTO

No nível *pessoal* — na nossa condição de indivíduos —, temos de estabelecer um "relacionamento" com o nosso eu interior (ins-

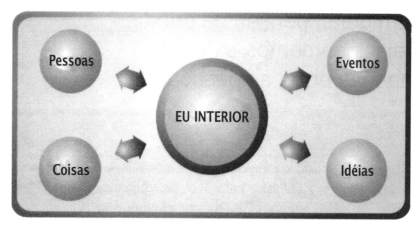

Figura 3. Relacionamentos.

Figura 4. Matriz de níveis e da dimensão dos relacionamentos.

taurar a nossa identidade pessoal), com as outras pessoas (a partir de afeições e de expectativas; os papéis e as responsabilidades), com as coisas (em termos de apego e de desapego; a intensidade do nosso desejo de possuí-las e de usá-las), com os eventos (com base na reatividade ou na proatividade; a maneira como reagimos às situações) e com as idéias (as nossas crenças, predisposições, preconceitos, etc.).

De igual forma, no nível *profissional*, isto é, em nossa condição de administradores, como nos relacionamos com o nosso Eu interior (ao trabalhar, aquilo que constitui o nosso "ponto de referência" interior), como é a nossa relação com as outras pessoas (superiores, colegas, subordinados, etc., no ambiente profissional) e com respeito às várias coisas, aos vários eventos e idéias relevantes nesse nível.

No nível *público*, ou em nossa vida pública, a maneira pela qual nos relacionamos com as várias entidades comunitárias vai determinar se vivenciamos e criamos conflito ou harmonia.

Vamos agora examinar alguns aspectos dos relacionamentos nesses três níveis no que se refere a cada uma das cinco dimensões mencionadas (Figura 4).

NÍVEL PESSOAL

Relacionamento com o eu interior

Todos os nossos relacionamentos começam dentro de nós mesmos. Precisamos ser capazes de nos relacionar eficientemente com o nosso eu — ou deveríamos dizer Eu? — antes de nos relacionarmos com qualquer outra pessoa ou coisa.

O que é o eu? Ao que parece, isso é algo que sabemos — até alguém nos perguntar. Quando queremos explicar, não sabemos como proceder — desconcertamo-nos. Se nos

O que é o eu? Ao que parece, isso é algo que sabemos — até alguém nos perguntar. Quando queremos explicar, não sabemos como proceder!

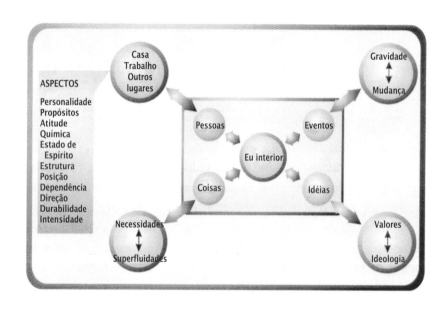

Figura 5. A teia dos relacionamentos: a arena da vida.

perguntassem a quem ou a que nos referimos ao usar a palavra "eu", o que diríamos? A maioria das pessoas julgaria essa uma pergunta de difícil resposta e até incômoda. Ela dá a impressão de algo além da compreensão e da articulação verbal.

É claro que não somos apenas o nome que levamos. Esse nome não passa de um rótulo que nos foi dado pelos outros quando nascemos. Mesmo que o troquemos por algum outro nome de nossa preferência, cada um de nós — o nosso "Eu" — permaneceria tal como é. A implicação primordial de um nome é o fato de ser uma palavra ou som usados pelas outras pessoas para nos identificar.

Se se tiver de descrever, mesmo chegando ao detalhe, a organização na qual estamos trabalhando há alguns anos, fazê-lo será relativamente fácil. Mas, quando se trata de descrever o nosso próprio eu interior, a "organização" que existe dentro de nós e com a qual temos passado toda a nossa vida, mesmo a pessoa mais eloqüente vai ter dificuldades!

Todavia, de modo geral, identificamos o nosso eu com o nosso nome, ou com os nossos pensamentos, com os nossos valores, experiências, papéis, relacionamentos, com a nossa condição social, com os sentimentos que temos, etc.; e, é claro, com o nosso corpo. Dito de modo mais simples, costumamos identificar-nos com o nosso corpo, com a nossa mente e com as nossas emoções. Analisemos então essa noção e vejamos se essa identidade é válida para obtermos uma melhor compreensão do que é de fato o eu e do que ele não é, e de como devemos nos relacionar com ele.

Consideremos o seguinte diálogo: se eu lhe pergunto "De quem é a camisa que você está usando?", você diz: "É minha". Isso implica que você é o proprietário, o usuário, a pessoa que passa pela experiência de sua camisa. Logo, você supõe também, ao responder, que você não é a camisa: trata-se de *sua* camisa — você *possui* uma camisa. Em outras palavras, qualquer coisa que lhe pertença não é, quase que por definição, você. O possuidor (o sujeito) e a coisa possuída (o objeto) são distintos um do outro.

Aprofundando, se eu lhe pergunto: "De quem é o corpo no qual você está usando a camisa?", sua resposta será naturalmente "É meu". Isso indica que você *tem* um corpo (num certo sentido, da mesma maneira que você *tem* uma camisa), mas *não é* o corpo. Há em nosso interior algo que diz "Este é o meu corpo" – indicando que você e o corpo são entidades diferentes uma da outra. Mas, se eu lhe perguntar se você está tendo pensamentos, você dirá que sim. Suponha que eu lhe pergunte: "De quem são os pensamentos que você está tendo?", você diria, mais uma vez: "São meus". Assim como você não é a sua camisa nem o seu corpo, você também não é seus pensamentos, ou seja, não é o seu pensar nem a sua mente. Os pensamentos surgem e desaparecem, os pensamentos se alteram, mas você, o "dono", o ser que tem esses pensamentos, permanece! Quer dizer, você é o proprietário, o administrador, o ser que vivencia ou observa o seu corpo e a sua mente. Ora, se não é o seu corpo nem a sua mente, o que ou quem é você?

Você tem sentimentos, porém você não é os seus sentimentos.

Essa pergunta pode fazer aflorar algum sentimento incômodo. E por isso eu pergunto agora: "De quem é esse sentimento?" Você, obviamente, responde "meu". Mais uma vez, você *tem* sentimentos, porém você *não é* os seus sentimentos.

Sua raiva, seu medo, suas frustrações, suas culpas, seus ciúmes ou seus arrependimentos podem se mostrar intensamente personalizados – não obstante, essas emoções não são você. Você é o dono, o ser que tem todos esses sentimentos. Os sentimentos vêm e vão, eles se alteram a todo instante, mas você permanece.

Do mesmo modo, você também não é o seu nome – você *tem* um nome. Você pode mudar o seu nome a qualquer momento, mudar a etiqueta com seu nome, mas você não deixa de existir! Você vai simplesmente ser conhecido por outro nome.

A esta altura, você deve estar exasperado. Você poderá dizer: "Percebo que eu não sou o meu corpo, não sou os meus pensamentos nem a minha mente, e sequer sou os meus sentimentos. Mas, nesse caso, o que restou de mim? Quem sou eu?"

Minha última pergunta seria: "Você mudou nos últimos anos?" Você poderá dizer: "Mudei. O meu corpo mudou, assim como mudaram a minha mente e as minhas emoções." Minha réplica seria então "Em outras palavras, tudo o que você *tem* se alterou. Mas quem ou o quê, em seu íntimo, sabe ou percebe que tudo isso se modificou?" Neste ponto, você poderá descobrir que ao longo de toda a sua vida dispôs de uma percepção ou consciência constante duradoura que tem sido uma espécie de testemunha contínua de sua vida — de tudo o que você tem considerado como o seu eu. Essa testemunha — essa percepção ou consciência — é o verdadeiro você, o "eu" que conhece "você".

Essa testemunha — essa percepção ou consciência — é o verdadeiro você, o "eu" que conhece "você".

Em suma, você *tem* um corpo, uma mente e emoções, porém na realidade mais profunda você não *é* nada disso. Claro que todas essas coisas são "partes" integrantes, singulares e inseparáveis de você, constituindo em termos coletivos o que em geral se descreve como o "eu egóico". Podemos considerá-las *áreas funcionais do seu eu*, devendo você se relacionar com elas como tais, de acordo com a Figura 6. O seu verdadeiro eu é aquele ou aquilo que é consciente dessas outras partes — a dinâmica interior — que devem ser reconhecidas como o "eu egóico".

Relacionamentos com outras pessoas

Os relacionamentos com outras pessoas podem ter como foco indivíduos ou grupos. A seção a seguir descreve com bastante brevidade alguns elementos essenciais referentes aos nossos rela-

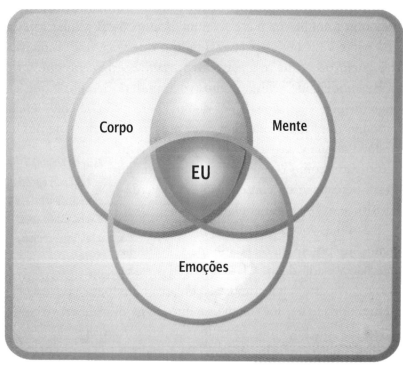

Figura 6. O verdadeiro Eu.

cionamentos com as pessoas em diferentes níveis, indicando um "elemento primordial" que pode firmar ou romper todo e qualquer relacionamento. Depois você verá que as nossas atitudes podem desempenhar um papel crucial na criação e na manutenção dos nossos relacionamentos.

Há nesse nível seis tipos principais de relacionamento.

1. **Pais.** O mais antigo e, portanto, mais primordial relacionamento é obviamente o que temos com os nossos pais. Até a clonagem humana ser possível, se é que vai ser, todos temos ao menos dois pais — o homem e a mulher cuja união, por mais curta que tenha sido, nos trouxe à luz. No caso da maioria de nós, esse homem e essa mulher também nos criaram, o que adicionou uma dimensão mais profunda ao relacionamento com eles. Para outras pessoas, os pais naturais podem ser desconhecidos ou ausentes. A relação dessas pessoas terá sido então com as pessoas que se encarregaram de seus cuidados, pessoas que não os pais biológicos delas. Por mais simples ou complexo que seja esse aspecto, todos temos algum relacionamento — presente ou passado – com os nossos "pais". Nos primeiros anos de nossa vida, é sobremodo importante receber orientação dos pais, por meio de sua atividade de cuidar de nós, sem ser dominado de maneira indevida por eles. Elemento essencial: *cuidados* versus *controle* (do ponto de vista do receptor).

Além disso, podemos ter relações com as seguintes pessoas:

2. **Irmãos.** Trata-se igualmente de um dos relacionamentos primordiais que podemos ter — um vínculo que pode evocar sentimentos de amor e de ligação ("fraternidade" ou "sororidade"). Pode também fazer que se manifeste um instinto competitivo — de onde adveio a famosa "rivalidade entre irmãos". Segundo a

famosa teoria da ordem de nascimento, o nosso relacionamento em termos etários pode determinar a perspectiva que temos da vida, por exemplo, o ser o "primogênito", o ser o "irmão do meio" ou o "caçulinha". Se não temos irmãos nem irmãs, podemos perceber essa ausência quando as pessoas começam a nos chamar de "filho único". Elemento essencial: *ligação* versus *competição*.

3. **Filhos**. Mais uma vez, eis um relacionamento fundamental. Ter um filho é uma oportunidade de amar, de orientar e de deixar partir. Esse é o lado positivo da condição de genitor. O lado negativo é a tendência a viver através dos filhos. Elemento essencial: *cuidados* versus *controle* (do ponto de vista do doador).

4. **Família ampliada**. Esse relacionamento ocorre, por definição, por meio de uma pessoa de ligação. Se temos um avô ou avó, um tio ou uma tia, ou então um primo, estamos vinculados com esse "parente" por meio da relação com um genitor. Logo, sempre por definição, esse relacionamento é triangular. Em muitos casos, podemos comparar o parente com alguém da nossa família nuclear. Podemos comparar nosso tio com nosso pai, nossa tia com a nossa mãe ou nosso primo ou prima com o nosso irmão ou irmã. Se a comparação for favorável ao parente, isso pode nos trazer consolo (por exemplo, ao recebermos e darmos um apoio necessário) ou ressentimento (por causa da ausência do apoio do membro da família nuclear). Elemento essencial: *comparação positiva ou negativa*.

5. **Cônjuge**. Eis outro relacionamento primordial — considerado em algumas culturas absolutamente primal. Fala-se de "minha outra metade" ou mesmo de "minha metade melhor". Por meio do processo legal (e, em algumas religiões, através do santo

sacramento) do casamento, duas pessoas se tornam uma só. O desejo de união física (sexual) que costuma motivar o casamento é um claro indício de que esse tema está presente. Num nível mais material e mundano, o casamento pode proporcionar a união de propriedades — como ocorre, por exemplo, com bens considerados como de posse conjunta nos sistemas jurídicos que prevêem a comunhão de bens. Mas pode também ter sentido espiritual — como quando a heroína bíblica Rute diz ao marido: "Onde fores, ali estarei, e o seu povo será o meu povo, e o seu Deus, meu Deus." Essas afirmações exprimem não somente o compromisso como também a complexidade do matrimônio — que envolve, além da pessoa com quem nos casamos, todos os relacionamentos dessa pessoa, incluindo a família dessa pessoa (os parentes por afinidade). Elemento essencial: *presença ou ausência de unidade* com o cônjuge e com a família deste.

6. Amigos. A ligação entre os amigos é considerada extremamente importante — na verdade fundamental — para a felicidade humana. Uma amizade pode ser tão íntima e duradoura quanto os laços de sangue ou criados pelo casamento. Os amigos se comunicam, participam de atividades conjuntas e dão apoio mútuo. Embora seja possível passar períodos da vida sem um amigo íntimo, é raro passarmos a vida inteira sem ter nenhum. Elemento essencial: *partilha/apoio*.

Nos exemplos acima, tivemos um vislumbre de seis tipos comuns de relacionamentos que a maioria das pessoas tem. Consideremos agora o fato de que *todos os relacionamentos apresentados têm estreitos vínculos entre si.* O nosso relacionamento com os nossos genitores afeta o nosso relacionamento com os irmãos ou irmãs, com os filhos, com a família ampliada e com o cônjuge. Por exemplo, uma das causas da rivalidade entre irmãos é a competição pelo afeto de um ou do outro genitor. Noutro exemplo, se os nossos genitores tiverem brigado muito enquanto crescíamos, é provável que nós mesmos exibamos essa tendência com respeito ao nosso cônjuge (ou nos empenhemos em resistir a ela). Isso significa que cada um dos seis relacionamentos aludidos têm o potencial de exibir um efeito multiplicador — e até agora restringimo-nos ao nível pessoal —, para não mencionar os possíveis multiplicadores nos níveis profissional e público!

Aspectos dos relacionamentos

A dinâmica de cada relacionamento entre pessoas depende da "situação" específica ou perfil desse relacionamento. Forneço a seguir alguns exemplos desses perfis usando, para fins de brevidade e simplicidade, relacionamentos entre duas pessoas (veja a Figura 5: Aspectos).

- **Personalidade**. Há muitas maneiras de analisar características de personalidade, variando de modelos sofisticados como os tipos de personalidade de Myers-Briggs (que opõe extrovertido a introvertido, sensitivo a intuitivo, pensativo a sentimental, avaliativo a perceptivo) ou modelos de dominância, de avaliação de capacidades, etc., a conceitos simples como "gentil" ou "amigável", "arrogante", "agressivo", "gênio", "estúpido", e assim por diante. A interação, a dinâmica, de todo e qualquer relacionamento é ponderavelmente influenciada pelas "personalidades" envolvidas.

- **Propósitos**. Um relacionamento pode ou não envolver propósitos ou uma intenção definidos. Essa intenção pode estar na mente de um ou dos dois parceiros. Pode ser declarada ou tácita; positiva ou negativa.

- **Atitude.** Um relacionamento pode ter sua natureza matizada pela atitude com que nos relacionamos com a outra pessoa: positiva, negativa ou neutra; atenciosa ou crítica; egoísta ou estimulante.

- **Química.** Em todo relacionamento dado, há um vínculo entre as pessoas que recebe o nome de "química". Esse vínculo pode causar em nós uma variedade de sentimentos, mas estes se enquadram, *grosso modo*, em três categorias: atração, repulsa ou indiferença. Na realidade, pode-se perceber todo um espectro de "químicas" no intervalo entre atração e repulsão.

- **Estado de Espírito.** De modo geral, o estado de espírito das pessoas não permanece constante. A todo momento dado no tempo, a pessoa envolvida num relacionamento pode sentir tristeza ou alegria – sentimentos positivos ou negativos – que matizam sua interação. Estados emocionais mais complexos como a raiva (ou a aceitação) e o medo (ou a confiança) podem igualmente afetar uma interação.

- **Estrutura.** Os relacionamentos com as outras pessoas podem ser dotados de uma estrutura específica, como "ambiente profissional" e "lar". Essa estrutura define certas fronteiras do relacionamento.

- **Posição.** Uma dada pessoa pode ser o seu superior, o seu colega ou o seu subordinado no trabalho, em casa ou em outros ambientes comunitários. A dinâmica de todo e qualquer relacionamento é influenciada pelas posições relativas das pessoas que têm algum tipo de relacionamento.

- **Dependência.** As pessoas envolvidas em relacionamentos podem ser descritas como dependentes, independentes ou interdependentes, de acordo com o grau de necessidade que sintam umas das outras.

- **Direção**. Os relacionamentos costumam se alterar, tornando-se mais próximos ou mais distantes com o passar do tempo.

- **Durabilidade**. Os relacionamentos podem ser permanentes ou temporários.

- **Intensidade**. Os sentimentos evocados por um relacionamento podem ser fortes ou fracos, o que, naturalmente, matiza esse relacionamento.

Podemos perceber, a partir da variedade acima discutida dos fatores e situações que afetam a dinâmica de todo e qualquer relacionamento, que o relacionamento com as pessoas é um dos elementos mais complexos, sensíveis e profundos da vida de cada um de nós. Para a maioria dos indivíduos, essa dimensão dos relacionamentos é também a mais vital na determinação do tipo de experiência de vida — positiva ou negativa — que se tem. Logo, reveste-se de fundamental importância, além de tomar consciência da capacidade de "administrar" com eficácia essa dimensão, compreender e cultivar essa capacidade. Uma abordagem básica disso é tratada de maneira mais elaborada nas Partes Dois e Três.

Relacionamentos com coisas

Além do nosso relacionamento com o nosso próprio eu e com os outros, temos relacionamentos com as coisas em termos do nosso desejo ou recusa com respeito a elas. Queremos possuir, fruir ou consumir uma variedade de coisas. Todos têm esses desejos. Mas nem todos os desejos são do mesmo tipo ou têm a mesma intensidade.

Para simplificar nosso relacionamento com as coisas, podemos classificar os desejos com respeito a elas em duas categorias básicas.

- Há coisas de que de fato temos *necessidade*, isto é, temos de dispor delas para sobreviver. Assim sendo, a partir da nossa própria definição de "necessidade", toda não-realização de uma necessidade é um verdadeiro desastre.

- Todos os outros desejos relativos a várias coisas que não são essenciais para a sobrevivência são anseios ou "quereres", ou talvez devêssemos dizer "superfluidades". É bom dispor dessas coisas, mas a não-realização de um desejo por coisas supérfluas, ainda que possa causar uma certa frustração ou tristeza, não é um desastre.

A distinção entre "necessidade" e "supérfluo" tem como base a maneira como nos relacionamos com a sua perda: trata-se de um desastre ou de uma frustração? Nesse sentido, as necessidades são primárias e as superfluidades secundárias. Como mostra a Figura 7, as nossas reais necessidades em todos os níveis — físico, social, psicológico — são na realidade bem poucas.

Coisas como alimento, ar fresco, água e abrigo são "necessidades" no nível *fisiológico* da sobrevivência. São necessidades que têm de ser atendidas; nossa vida depende delas. De igual forma, nos níveis *sociológico*, da *afiliação* ou *emocional*, assim como nos da realização *psicológica* e do *valor pessoal*, nós, em nossa condição de seres humanos, precisamos de umas poucas coisas. Para os fins da nossa sobrevivência emocional e psicológica, necessitamos de um pouco de apoio na juventude, alguma afiliação e algum sucesso e reconhecimento mensuráveis na idade adulta e cuidados quando ficamos idosos (veja a Figura 7).

> *A distinção entre "necessidade" e "supérfluo" tem como base a maneira como nos relacionamos com a sua perda: trata-se de um desastre ou de uma frustração?*

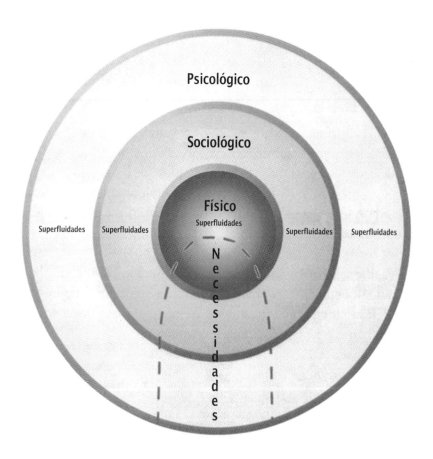

Figura 7. Necessidades e superfluidades.

Todas as outras coisas que desejamos ou *queremos* — as nossas superfluidades — são secundárias. Podemos desejá-las, mas elas não são essenciais à nossa existência. Pode ser bom dispor delas, mas elas não são vitais à nossa sobrevivência. A bem dizer, passado um certo ponto, a procura excessiva por "superfluidades" resulta na ambição e numa dependência desmedida com respeito a essas coisas, num relacionamento com elas que as transformam em "necessidades". Quando não dispomos delas, temos uma reação exagerada e ficamos bem mais frustrados do que seria desejável ou justificável. Além disso, nunca devemos nos esquecer de que jamais podemos ter o suficiente daquilo de que, na verdade, não precisamos.

O que há de interessante e importante sobre que pensar é que confortos materiais como a boa comida, roupas da moda, uma casa luxuosa ou a fortuna financeira são coisas maravilhosas para se ter — mas serão de fato uma questão de vida ou morte? A infelicidade reside no fato de que a maioria de nós se esquece — ou se torna por alguma razão incapaz — de manter-se consciente da distinção ou de reconhecer a distinção entre necessidade e superfluidade, bem como de

Jamais podemos ter o suficiente daquilo de que, na verdade, não precisamos.

se relacionar com as coisas de acordo com o seu caráter. Em conseqüência, de modo geral temos a tendência de reagir de forma desmedida e, assim, contaminar a nossa experiência de vida.

O resultado inevitável é que, em praticamente todos os aspectos da nossa sociedade desabridamente consumista, existe uma crescente parcela de depressões evitáveis. A cultura vigente, que avalia o "sucesso" primordialmente em termos de "posses materiais e posições", tem acelerado as frustrações, causando angústia e doenças psicossomáticas. A situação no campo dos negócios é ainda mais tensa, como o testemunha o número de conflitos e de suicídios provocados por eventos que uma psique saudável, um relacionamento saudável, na pior das hipóteses considerariam frustrações, porém não desastres.

Logo, quando refletimos com atenção, é imperativo termos condições de identificar, nos vários níveis (fisiológico, sociológico e psicológico), quais são as nossas necessidades e quais as nossas superfluidades, ou mesmo ambições, e equilibrar com mais eficácia o nosso relacionamento com as coisas.

Examinemos agora esse tema por meio da análise de algumas das "coisas" com as quais temos relacionamentos fortes — algumas necessidades e algumas superfluidades.

- **Alimentação.** Eis sem dúvida uma necessidade básica. Sem alimentação morremos. Ultrapassado esse ponto, quando entra na categoria de "superfluidade", a comida pode assumir e assume significação adicional. Pode vir a ser o veículo de reuniões de grupos (o proverbial "almoço familiar"), para a corte (o "jantar à luz de velas") e para contatos comerciais (o "almoço de negócios"). Dada a importância tanto em termos de sobrevivência como de integração social, a comida se presta de imediato a simbolizar outros elementos. Mas, se a nossa dependência da comida passar de um nível moderado, podemos desenvolver distúrbios alimentares passíveis de indicar atitudes indesejáveis com relação à comida ou uma relação doentia com ela. O cultivo de um relacionamento saudável com a comida implica disciplina e equilíbrio em termos de quantidade e de qualidade. Elementos essenciais: *sobrevivência, integração, saúde.*

- **Roupas.** Algumas roupas que nos protejam dos elementos é algo absolutamente necessário e nessa medida se configura como uma necessidade. Mas as roupas "fazem o homem"? Claro que não, embora as roupas sejam intrínsecas aos seres humanos. Naturalmente, o propósito das vestes vai além do utilitário — as vestes que portamos fazem mais do que nos abrigar dos elementos. No nível mais fundamental, elas nos proporcionam um nível básico de modéstia pessoal. Ainda que esse nível varie de baixo (em Saint Tropez) a alto (em Teerã), a modéstia em si é um valor fundamental em todas as culturas. Além dessa função, as roupas têm o propósito de integração nos eventos. Muitas ocasiões, como os negócios, as festas e os cultos, exigem um certo estilo de vestir, e a nossa capacidade de usar roupas adequadas a elas pode vir a determinar a nossa aceitação pelos outros. As roupas podem facilitar a nossa aceitação em certos grupos – do *punk rock* ao terno risca-de-giz. Por fim, as roupas podem ser um veículo de expressão pessoal (em geral no âmbito restrito de um evento ou de um grupo). A energia e os recursos que despendemos para montar o nosso guarda-roupa nos proporcionam, nesses sentidos, um relacionamento com as nossas roupas. Elementos essenciais: *modéstia, aceitação, expressão.*

◆ **Lar.** A mais importante edificação é naturalmente o lugar no qual vivemos, o nosso domicílio – ou, para usar um termo de maior carga emocional, o nosso lar. No nível da "necessidade" fisiológica, a nossa casa nos proporciona abrigo dos elementos. Nos níveis psicológico e sociológico, ela nos propicia algum grau de segurança e de estabilidade. A cultura popular oferece muitas expressões que falam da importância do lar – "Nada se compara ao nosso lar"; "O lar é onde o coração está"; "Lar, doce lar". Deve-se também lembrar que uma bela casa não assegura necessariamente, por si só, um lar feliz! Nossa casa e nossos móveis podem igualmente refletir a nossa condição financeira, nossas preferências e até a nossa personalidade. Elementos essenciais: *abrigo, segurança, estabilidade,* status, *responsabilidade.*

> *Uma bela casa não assegura necessariamente, por si só, um lar feliz!*

♦ **Álcool.** Precisamos de álcool? Não. Mas ainda assim há pessoas que adquirem uma dependência dessa substância que vicia. Trata-se de um claro caso no qual alguma coisa que um dia foi um "querer" — uma "superfluidade" — se mascara de "necessidade" e de vício. Sabe-se que há alcoólatras que consideram o álcool seu "melhor amigo" — com efeito, um relacionamento primário! Os cigarros, as drogas não-medicinais e, às vezes, até mesmo o hábito de usar goma de mascar podem levar — praticamente todas as pessoas — ao vício. Elemento essencial: *potencial para o vício.*

♦ **Automóvel.** Pode parecer estranho sugerir que temos um "relacionamento" com o automóvel — mas é justamente isso o que acontece. O próprio nome já sugere autonomia e mobilidade, que sem dúvida são metas importantes. O carro, uma importante "superfluidade", costuma refletir o nosso *status* socioeconômico, o estágio da vida no qual nos encontramos, as nossas preferências, e até a nossa personalidade. Não há em si mesmo nada de indesejável em possuir e usar um belo carro — desde que não nos tornemos muito dependentes dele. Ele por certo não é uma necessidade vital para a sobrevivência. Se por alguma razão nos vemos sem o nosso carro, temporária ou mesmo permanentemente, é natural sermos afetados pelo incômodo e pela inconveniência que isso causa; mas isso não deve nos deixar com uma sensação de desastre — a nossa sobrevivência não está ameaçada. Elementos essenciais: *mobilidade, expressão, responsabilidade.*

Relacionamentos com eventos

Nossos relacionamentos com o nosso próprio eu, com as outras pessoas e com as coisas existem ao lado dos nossos relacionamentos com os eventos.

Quando nos vemos diante de um evento, é bem freqüente que haja um hiato entre as nossas *expectativas* com relação a esse evento e aquilo que de fato conseguimos dele, a nossa *realização*. Há do mesmo modo outro tipo de hiato, o que separa a nossa *intenção* de agir ou de nos comportar de uma dada maneira e a nossa *ação* ou comportamento reais.

Sempre que se percebe esse hiato, podemos nos relacionar com o evento tanto de maneira reativa como de modo proativo. Para nos relacionarmos com qualquer evento de forma apropriada, seria muito útil que classificássemos os eventos em mutáveis ou imutáveis. Poderíamos descrever os eventos imutáveis como "gravidades".

> Para nos relacionarmos com qualquer evento de forma apropriada, seria muito útil que classificássemos os eventos em mutáveis ou imutáveis.

Por exemplo, há gravidade no nosso planeta Terra: ela limita e regula a nossa vida num grau sobremodo amplo, mas nós não nos queixamos dela! Por que não? A razão é que aceitamos a gravidade como um fato da vida totalmente imutável.

De igual forma, há muitas coisas e situações na vida com o mesmo caráter de imutabilidade que marca a gravidade, seja de maneira permanente ou ao menos por um período específico de tempo. Essas coisas imutáveis ou gravidades permeiam a nossa vida em todos os níveis: no nível individual, no nível organizacional e no nível social (veja a Figura 8).

Por exemplo, no nível individual ou pessoal, há vários aspectos físicos ou características do nosso corpo que não podem ser alterados durante toda a nossa vida, ao lado de outros (por exemplo, o peso), que são imutáveis por um período específico. Além disso, há em outras dimensões do nosso eu mental e emocional, quer de modo permanente ou por um período dado de tempo, "gravidades" semelhantes.

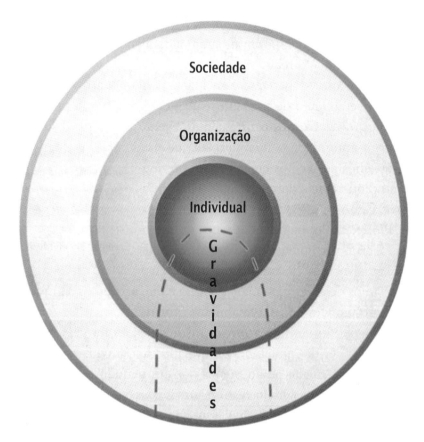

Figura 8. Gravidades.

Aplica-se essa mesma análise aos níveis organizacional e social. Nós de fato nos agitamos com bastante freqüência em função de situações ou coisas que são imutáveis, ao menos por um dado período. Desperdiçamos o nosso tempo, a nossa energia e os nossos recursos, preciosos e limitados, tentando alterar essas "gravidades". É claro que há várias situações ou coisas que podem ser influenciadas e modificadas, mas, se a nossa atenção e as nossas energias se voltam para combater gravidades, a eficácia dos nossos esforços de mudar coisas e situações em outras áreas se verá limitada e sobremodo afetada adversamente.

Em conseqüência, para ser inteligentes e eficazes na vida, precisamos identificar de modo explícito quais são as gravidades — permanentes ou temporárias — da nossa vida em todos os níveis (pessoal, organizacional e social) e nos relacionar com elas nessa sua condição. Isso nos tornará capazes de fazer um uso mais inteligente e judicioso dos nossos recursos limitados. Circunscrevendo dessa maneira o nosso relacionamento com os eventos e estabelecendo prioridades adequadas, podemos, ao longo de um dado período, não apenas minimizar as gravidades que nos cercam e influenciar a mudança, como também reduzir ao mínimo as nossas frustrações.

Precisamos identificar de modo explícito quais são as gravidades — permanentes ou temporárias — da nossa vida em todos os níveis.

É imperativo enfatizar que essa abordagem não implica a aceitação passiva ou fatalista de tudo. Muito pelo contrário! Isso implica que, se queremos ser eficazes em nossas estratégias de "mudanças", temos de aplicar os nossos limitados recursos de maneira proativa e criativa, liberta de quaisquer atitudes reativas ou tendenciosas, sem dissipar esses recursos de maneira improdutiva. O aspecto crucial dessa abordagem é que sejamos honestos e objetivos em nossa avaliação de um evento particular como gravidade ou como algo passível de alteração. Mas pode haver situações com respeito às quais nos vejamos incapazes de avaliar com clareza se podem ou não ser modificadas. É por isso que, na Figura 8, a linha divisória entre as gravidades e os outros eventos é uma linha pontilhada. Nessas situações, a nossa abordagem tem de ser uma ação incerta até que vejamos com clareza a mutabilidade ou imutabilidade. Examinaremos mais profundamente esse tema na Parte Dois.

Relacionamentos com idéias

Além dos nossos relacionamentos com pessoas, coisas e eventos, cada um de nós tem, num certo sentido, um "relacionamento" com idéias ou crenças — os nossos arcabouços ou modelos mentais —, os filtros perceptivos mediante os quais percebemos e vivemos a vida. Na verdade, trata-se de um relacionamento básico que afeta todos os nossos outros relacionamentos. As próprias percepções do nosso Eu, das pessoas, das coisas e eventos dependem das nossas idéias e crenças — o que se aplica, por implicação, aos nossos relacionamentos com o Eu, as pessoas, as coisas e os eventos. As nossas crenças determinam o nosso comportamento e as nossas experiências.

Nossas crenças determinam o nosso comportamento e as nossas experiências.

Toda pessoa tem idéias, sistemas de crenças e atitudes peculiares, a depender de inúmeras variáveis como educação familiar e experiências infantis, educação formal, exposição aos meios de comunicação, amigos, profissão, etc. Todo indivíduo terá crenças que se referem a questões pertinentes aos vários níveis — pessoal, profissional e público — que determinam o relacionamento dele nesses níveis.

Há, contudo, algumas idéias ou crenças que são fundamentais, assemelhando-se a uma infra-estrutura da qual depende a superestrutura de todas as outras idéias e crenças em vários níveis.

Essas idéias fundamentais teriam por objeto as questões existenciais que influenciam as opções que fazemos em termos de valores, de religião, de ideologia política e assim por diante.

As questões existenciais vitais são *a liberdade, o isolamento, a morte*, e acima de tudo (ou talvez devêssemos dizer abaixo de tudo), está a questão do *significado e propósito da vida*. Voltaremos a abordar essas questões, de maneira profunda, na Parte Três, conclusiva.

Quando são partilhadas por uma coletividade, as idéias se tornam "-ismos" — sistemas de crenças fundados em valores coletivamente partilhados. Ao longo da história, têm existido vários "-ismos" ou ideologias que exprimem idéias sociais, econômicas, políticas, éticas e religiosas. Algumas delas foram defendidas e praticadas em diferentes partes do mundo no século XX, com graus variados de sucesso (ou fracasso).

Esses "-ismos", sistemas de crenças ou idéias, representam, na verdade, combinações diferentes de dois parâmetros básicos: *os valores* e *as ideologias*. Um bom exemplo de extremos em termos de valores seria a oposição entre espiritualismo e materialismo — a antiga idéia de que "não podemos servir a dois senhores", isto é, a Deus e ao dinheiro! São extremos ideológicos a ênfase no individual (a liberdade ou o conflito numa dada extremidade) em oposição à ênfase no coletivo (o bem-estar da comunidade ou a sociedade como norma na outra extremidade).

Como mostra a Figura 9, o eixo A-B, o dos "valores", cobre todo o espectro de valores, variando do valor espiritual (acentuado nas culturas orientais) ao materialista (dominante no pensamento ocidental contemporâneo e, talvez, hoje dominante em toda parte) — isto é, de certa maneira, indo de uma abordagem de autonegação a uma abordagem de autocentração. A história tem demonstrado que nem o se tornar totalmente espiritual nem o permanecer intensamente materialista, nem quaisquer soluções de compromisso intermediárias, trazem o tipo de significado e de riqueza que se deveria alcançar na vida, e que se pode alcançar.

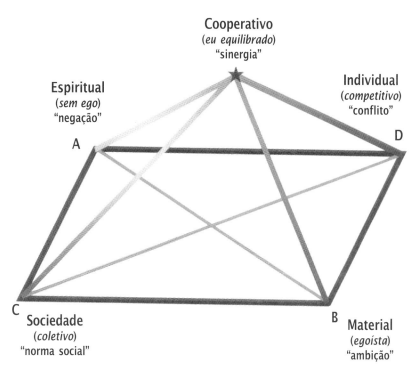

Figura 9. Eixo valores-ideologia: o desafio humano.

Se se tornar absolutamente espiritual significar afastar-se do mundo "material", das atividades do mundo, isso implicaria negar o nosso "eu", uma espécie de fuga das experiências da vida ativa e dinâmica — nós nos transformaríamos em pessoas "sem ego". Por outro lado, absorver-se por completo no mundo material faria de nós pessoas centradas no ego, centradas no eu, egoístas. Os dois extremos são indesejáveis, aplicando-se o mesmo a quaisquer soluções de "compromisso" intermediárias... que levariam a uma vida abaixo do ideal.

O eixo C-D, o da "ideologia", abrange uma gama distinta de manifestações do ideológico. Vai-se aqui da liberdade individual, de um lado, a uma completa integração à sociedade, do outro; ou seja, vai-se da competição ao coletivismo, ou do capitalismo ao comunismo.

Embora a plena liberdade da pessoa seja desejável para os fins do florescimento do indivíduo, a liberdade irrestrita ou indisciplinada para todos poderia levar ao conflito. Testemunhamos hoje, em algumas das chamadas "sociedades livres", apesar de algumas restrições regulatórias, o fato de que a liberdade indisciplinada levou a uma competição desenfreada, a um ambiente marcado pelo conflito, pelo "ganhar *versus* perder". Do mesmo modo, no outro extremo, também se percebeu, no caso de regimes totalitários como o comunismo, tal como praticado na União Soviética, o surgimento de uma sociedade "centralista" e que esmaga o indivíduo. Como bem se sabe, nenhum desses extremos ou "-ismos", nem as soluções de compromisso intermediárias, foi capaz até agora de alcançar seus objetivos declarados, ou seja, o bem-estar individual ou o desenvolvimento social em bases igualitárias ou duradouras.

O relacionamento ideal, o equilíbrio adequado entre valores e ideologia, seria uma síntese, uma espécie de sinergia, entre esses dois parâmetros, como mostra a Figura 9: realizar os papéis e atividades materiais da nossa vida e ao mesmo tempo permanecer ancorado em sólidos valores espirituais, o que nos capacitaria a contribuir para o bem-estar individual e o bem-estar coletivo, e a aprimorá-los — agir com um envolvimento distanciado, nem "egoísta" nem "sem ego" —, mas a partir de uma síntese dinâmica, o "Eu equilibrado".

Esse tema também será discutido mais profundamente na Parte Três.

NÍVEL PROFISSIONAL

Consideramos até agora os relacionamentos no nível pessoal, com cada uma das cinco dimensões — eu interior, pessoas, coisas, eventos e idéias (veja a Figura 4).

Agora consideraremos os relacionamentos no nível profissional, enquanto administradores, principalmente no contexto de uma organização.

Relacionamento com o eu interior

Nosso comportamento e nosso desempenho no trabalho, em contato com outras pessoas, coisas, eventos e idéias, vão ser reativos ou proativos, a depender da identidade, do relacionamento que se tiver com o eu interior. Quem se identifica com o Eu egóico, como se discutiu, vai agir de maneira mais reativa, "lutar ou fugir". Mas, se se permanecer na consciência do próprio Eu interior, como o "ponto de referência interior" — Auto-referência —, vai ser possível ter com todos um relacionamento mais proativo e, assim, cultivar relacionamentos mais autênticos, duradouros e harmoniosos por toda parte: não se vai ser "egoísta" nem "sem ego", mas agir a partir do "Eu equilibrado".

Relacionamento com outras pessoas

No contexto da organização, seriam mais importantes os seguintes tipos de relacionamento:

- **Relacionamento entre superiores e subordinados.** A maioria das pessoas tem no trabalho um superior — alguém que orienta e acompanha seu desempenho — e muitas pessoas são superiores — orientam e acompanham o desenvolvimento de outras pessoas. É inevitável que o relacionamento de baixo para cima afete o relacionamento de cima para baixo, pois os administradores são afetados pelo estilo dos seus chefes, o que influencia o seu próprio estilo como chefes. Seja o relacionamento de baixo para cima ou de cima para baixo, uma preocupação comum é se o chefe está tornando o subordinado capaz de agir ou simplesmente exercendo poder sobre ele, bem como se o subordinado é cooperativo e responsivo. Tema essencial: uso/abuso de *poder/apoio/cooperação.*

- **Relacionamento com pessoas do mesmo cargo/colegas/colaboradores.** Na maioria dos ambientes de trabalho, os funcionários têm colaboradores. Em maior ou menor grau, seu desempenho e sentido de realização depende de seus relacionamentos com seus colaboradores, dado que o trabalho de uns e outros costuma ser interdependente. Por exemplo, pode-se ocupar um cargo que gere receita, enquanto o colega é responsável por acompanhar essa tarefa; ou os dois colegas trabalham na mesma função — por exemplo, os dois podem estar trabalhando em equipe num mesmo projeto. Numa e noutra situação, seria fundamental que eles tivessem um relacionamento apropriado um com o outro em benefício da garantia de seu desempenho e da realização de seus objetivos.

A crescente ênfase contemporânea na "administração por equipes" e nos processos de formação da equipe indica a importância do estabelecimento de atitudes e relacionamentos apropriados em todos os níveis da organização. Contudo, embora os vários exercícios, ao ar livre ou em locais fechados, de formação da equipe sejam revigorantes e úteis, não é provável que por si mesmos criem a "sinergia grupal" sentida profunda e individualmente, o que é essencial ao trabalho em equipe autêntico e duradouro.

Não é provável que, por si mesmos, os exercícios de formação da equipe criem a "sinergia grupal".

Deve-se ter em mente que não é apenas que a eficácia no relacionamento dependa do relacionamento vinculado com o trabalho; na verdade, o próprio relacionamento vinculado com o trabalho depende do nível mais profundo do relacionamento de pessoa para pessoa. Isso costuma ser desprezado. Há, portanto, muita frustração evitável porque esforços concentrados principalmente no relacionamento vinculado com o trabalho não só forjaram relacionamentos autênticos como também, freqüentemente, levaram a relacionamentos manipuladores e artificiais. Testemunha-o a persistente falta de confiança mútua entre trabalhadores de todos os níveis, apesar do número crescente de sessões de treinamento de "formação de equipes"! Isso não quer dizer que esses esforços ou processos sejam indesejáveis; acentua-se aqui o fato de não irem longe o suficiente. Em última análise, todo relacionamento vai se iniciar e vai depender do relacionamento que cada qual tiver com todas as "dimensões" no nível pessoal — e esse é o principal elo perdido. Elemento essencial: presença ou ausência de *confiança/apoio/trabalho coletivo*.

♦ **Relacionamento com clientes**. Se se estiver envolvido, direta ou indiretamente, na venda de um produto ou serviço, com ou sem fins lucrativos, é quase um axioma que, se as expectativas do cliente não forem atendidas, não é provável que o relacionamento com ele dure muito. Com as crescentes pressões decorrentes da competição, é imperativo para toda organização assegurar que o cliente seja a força motriz de suas atividades (e, portanto, das atividades de seus dirigentes). Na verdade, hoje já não basta atender às expectativas do consumidor; tornou-se uma questão de vida ou morte para toda organização não somente garantir o "prazer do consumidor" como também obter a "fidelidade do consumidor" – um relacionamento mais profundo e mais duradouro. Questões essenciais: *qualidade/preço/serviço* (do ponto de vista do provedor).

♦ **Relacionamento com fornecedores.** Também é evidente que a qualidade, o preço e a confiabilidade de todo produto ou serviço dependem por definição da qualidade, do preço e da confiabilidade dos materiais e serviços que você consegue de seus fornecedores – e uma das principais forças capazes de assegurar todos esses requisitos num nível satisfatório é, naturalmente, um relacionamento constante e eficiente com os fornecedores. Elementos essenciais: *qualidade/preço/serviço* (do ponto de vista do receptor).

♦ **Relacionamento com concorrentes.** Pode não parecer, mas este é um dos "relacionamentos", e dos importantes. Além disso, ele pode ser positivo, e deveríamos nos esforçar o máximo que pudéssemos para que o seja. Mesmo que a empresa tenha um produto sem concorrentes num nicho especial, uma enorme parcela do mercado e uma posição dominante nele, cedo ou tarde (em geral cedo) os concorrentes vão aparecer. Tendo as introvisões e antecipações apropriadas, e fazendo-se um esforço deliberado, seria do interesse de toda companhia manter um nível apropriado de contatos e relacionamentos com os competidores. A importância desse relacionamento pode ser avaliada pelo crescente número de alianças estratégicas, aquisições e fusões. Elementos essenciais: *competição cooperativa.*

♦ **Relacionamento com a comunidade.** Por mais imponderáveis que possam ser os seus produtos ou serviços, toda profissão ou negócio opera no contexto de uma comunidade – local, regional, nacional e/ou internacional. Esse relacionamento vai além dos relacionamentos primários com superiores, subordinados, colegas, clientes, fornecedores e concorrentes. A comunidade "fornece" a infra-estrutura, a terra, pessoas e serviços. Toda profissão ou negócio, por sua vez, "fornece" emprego, bens e serviços e contribui com impostos.

O que pode ser boa economia para uma profissão ou negócio pode revelar-se má ética ou má ecologia, ou as duas coisas – e vice-versa.

No processo dessa "troca", há com muita freqüência interfaces capazes de gerar "conflitos de interesses". O que pode ser boa economia para uma profissão ou negócio pode revelar-se má ética ou má ecologia, ou as duas coisas – e vice-versa. Temos aqui uma questão bem essencial que se torna cada vez mais vital e visível: como podemos nos "relacionar" eficazmente com essas questões e alcançar um equilíbrio constante entre economia, ética e ecologia. Elementos essenciais: *equilibrar economia, ética, ecologia.*

Relacionamento com coisas

Até recentemente, muitos tipos de trabalho dependiam, em larga escala, de coisas. A humanidade tem usado instrumentos físicos da Idade da Pedra até os nossos dias. Com efeito, até recentemente cada profissão tinha um instrumento físico como emblema do seu mister. Fazendo uma paráfrase a partir de "Vanished

Work", do poeta alemão Hans Magnus Enzenberger, tememos coletivamente a perda da necessidade do empalhador, da colméia do apicultor, da chaminé do fogão a carvão, do cardo do cardador, do buril do cinzelador!

Com o advento da Era Industrial e depois da Era de Informação, essa proximidade com os instrumentos começou a desaparecer. "O que aconteceu com os bridões, com as coleiras e com as torretas? O carpinteiro de carroças desapareceu. Só sobrevive seu nome [*Cartwright*], como um inseto congelado em âmbar, no catálogo telefônico", escreve Enzenberger.

No entanto, mesmo com o desaparecimento de ofícios e instrumentos, ainda temos os implementos das nossas profissões e ofícios. Essas *coisas* são menos pessoais do que os instrumentos de outrora, mas mesmo hoje não se devem subestimar a importância e a significação das *coisas* em nossa vida profissional.

Antigamente, os instrumentos e *coisas* vinculados com as profissões de que se precisava e que se usavam eram específicos e permaneciam relativamente sem mudanças por longos períodos de tempo. Na situação contemporânea, no entanto, com o ritmo em aceleração da mudança tecnológica, os instrumentos e *coisas* — o *hardware* e o *software* — que usamos se modificam constantemente. O elemento essencial no tocante a isso é a necessidade cada vez mais intensa de cultivar a atenção e a flexibilidade psicológicas, bem como as capacidades tecnológicas, para se manter ao par das "últimas tendências" da profissão de cada um.

Relacionamentos com eventos

As questões no tocante a isso assemelham-se às consideradas no nível pessoal (Figura 8). Em primeiro lugar, tratar do hiato entre as expectativas e a realização verdadeira com respeito a todo evento específico. Em segundo lugar, conviver com os eventos que não são transformáveis por um período de tempo específico e cultivar as competências relevantes para gerar proativamente a mudança desejada nos eventos e situações considerados passíveis de mudança. Como foi dito, isso será discutido de maneira profunda na Parte Dois.

Relacionamento com idéias

No nível pessoal, nosso relacionamento com idéias segue o eixo dos valores-ideologia (Figura 9), indo do espiritual e materialista, de um lado, e entre os interesses individuais e os interesses comunitários do outro. No nível profissional, a questão do relacionamento com idéias terá como foco primordial os interesses, a capacidade e as atividades profissionais.

A inteligência já não basta por si mesma — são essenciais a proficiência e a relevância.

É imperativo que, nos cenários contemporâneos de mudança acelerada e de competição cada vez mais acirrada, todo profissional, a fim de alcançar uma superioridade duradoura, ou ao menos um sucesso duradouro, terá de dispor de agilidade e flexibilidade intelectuais para manter-se atualizado no tocante às últimas idéias e tendências, tanto no nível global em geral como na sua área profissional específica. A inteligência já não basta por si mesma — são essenciais a proficiência e a relevância.

Nesse contexto, a criatividade e a inovação assumem importância primordial. Mas é preciso rever o conceito de criatividade. Boa parte da literatura, das conferências e dos seminários atuais tem por foco a criatividade "intelectual". Claro que ela é importante e necessária — mas já não basta.

O que vem se tornando crescentemente essencial, nesta era de complexidade e incerteza avassaladoras, é cultivar a "inteligência criativa", que é uma síntese das inteligências intelectual, intuitiva e emocional. E isso é uma conseqüência de um nível mais profundo de consciência — e de percepção ampliada do nosso verdadeiro

Eu (veja a Figura 10). Trataremos desse aspecto nas Partes Dois e Três.

O que importa é, no entanto, que, para se manter a par das últimas idéias relevantes, é preciso pensar de outra maneira — deixar a mente em estado de receptividade, livre de qualquer tendência ou preconceito. Para lembrar a afirmação mais citada de Einstein: "Nossos problemas atuais nunca poderão ser resolvidos no mesmo nível de pensamento no qual estávamos quando os criamos." Depois, talvez com alguma tristeza, ele disse: "Com a fissão do átomo, com o advento da física subatômica, tudo se alterou, exceto o nosso nível de pensamento, e por isso estamos caminhando para um desastre sem precedentes."

> "Nossos problemas atuais nunca poderão ser resolvidos no mesmo nível de pensamento no qual estávamos quando os criamos."

O que importa é que, para alterar positivamente a nossa vida, isto é, os nossos relacionamentos, temos de pensar e sentir de outra maneira; só assim poderemos agir diferentemente, relacionar-nos de outro modo. A coisa mais forte de nossos dias é a nova idéia cuja hora chegou; ao mesmo tempo, a coisa mais útil é abandonar a idéia cujo fim chegou.

Lembre-se de que a nossa mente é como um pára-quedas — funciona melhor quando aberta!

> *A nossa mente é como um pára-quedas — funciona melhor quando aberta!*

NÍVEL PÚBLICO

Nossos relacionamentos em todos os níveis descritos acima inserem-se no contexto da nossa posição como membros de uma sociedade. Mas o que é uma sociedade? Num nível, trata-se de uma entidade concreta e específica, a sociedade local em que vivemos e trabalhamos. Num sentido mais amplo, é a sociedade nacional ou global, ou, no sentido mais amplo, a humanidade

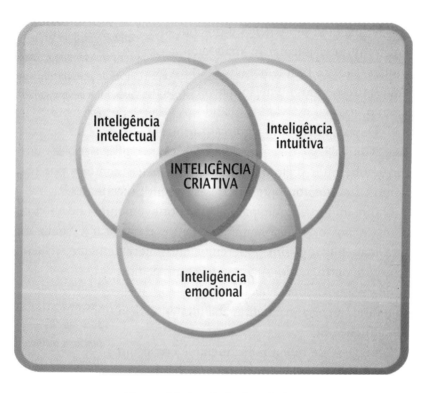

Figura 10. Inteligência criativa.

como um todo. O perfil da nossa sociedade contemporânea infelizmente indica que, mesmo depois de séculos de avanços econômicos e tecnológicos, há conflitos remanescentes — de cunho social, político, religioso e étnico em todos os níveis da sociedade —, o que indica que não nos tornamos capazes de manter uma relação apropriada uns com os outros em nossa vida pública, nem com a sociedade como um todo. Já discutimos esses "paradoxos do sucesso" antes, na Introdução. Elementos essenciais: *responsabilidade cívica e social.*

Relacionamento com o eu interior

Ralph Waldo Emerson escreveu certa vez que a história tem "a extensão e a sombra de um homem". Ele pode ter querido dizer com isso que um indivíduo pode dominar o seu tempo a ponto de moldá-lo por inteiro. Há porém outro significado possível para essa feliz frase. A nossa história individual como pessoas que têm uma vida pública — uma vida na história — também é moldada pelo nosso eu "sombra", a parte de nós que ninguém pode um dia conhecer por inteiro, sequer nós mesmos. O nosso objetivo como pessoas ímpares que vivem em sociedade consiste em ser fiéis a nós mesmos e, ao mesmo tempo, fiéis à sociedade em que vivemos.

Cada um de nós tem uma vida pública — a parte da nossa vida dedicada à nossa comunidade, à nossa nação, ao nosso mundo. É com essa vida em mente que nós nos elevamos acima dos nossos objetivos mesquinhos e fazemos coisas com propósitos mais amplos. Se fôssemos resumir a nossa vida num epitáfio, seria essa dimensão pública ampla que poderíamos oferecer como a nossa identidade última.

Em termos ideais, a nossa *persona* pública e a pessoa individual que somos — o nosso eu interior — devem ser compatíveis entre si; não deve haver nenhum conflito entre os nossos interesses pessoais e as nossas atividades públicas. Foi esse o caso de várias personalidades ao longo da história. Isso seria possível se nos relacionássemos com o nosso eu interior e vivenciássemos a nossa identidade pessoal para além do nosso eu egóico centrado em si mesmo — a nossa vida então poderia ser autenticamente transparente, dado que as nossas atividades públicas teriam se tornado nossos interesses pessoais: as nossas ações seriam orientadas por coisas que visam ao interesse público.

Relacionamento com outras pessoas

Sem o relacionamento com outras pessoas, não haveria uma dimensão "pública" na nossa vida. O próprio termo "público", que remonta à antiga palavra latina *publicus*, significa pessoas. No entanto, enquanto todos os nossos relacionamentos "públicos" envolvem pessoas, nem todos os nossos relacionamentos com pessoas são públicos. Há na realidade uma dinâmica bem distinta em nossos relacionamentos "públicos" com as pessoas.

Em conseqüência, quando falamos de relacionamentos com pessoas no nível público, referimo-nos aos nossos relacionamentos com as pessoas, às nossas atitudes básicas com relação às pessoas, em geral, nas nossas atividades públicas. A questão aqui é principalmente se se gosta ou não, de modo inerente, de interagir com as pessoas e se se tem as necessárias capacidades para isso. Para quem está orientado para o envolvimento com atividades públicas e tem interesse por elas, ter as atitudes e capacidades relevantes se torna crucial para alcançar o sucesso e a satisfação nas relações com pessoas em público. Isso se aplica em especial aos que têm interesse por atividades políticas.

Relacionamento com coisas

Da mesma maneira como, na nossa vida pessoal e profissional, temos relacionamentos com coisas, assim também, na nossa vida pública, temos relacionamentos dotados de sentido. Os relacionamentos mais importantes e duradouros desse nível são os que entretemos com monumentos nacionais históricos de impacto internacional. Temos um relacionamento de longa duração com o Taj Mahal, com as Pirâmides, com o Arco de Triunfo, com o Big Ben, com a Estátua da Liberdade, com o Fujiyama, com as Muralhas da China e assim por diante.

As coisas físicas, feitas pelo homem ou naturais, têm o poder peculiar de criar ou absorver as paixões e preconceitos de um povo no aspecto público de sua existência. Por que outra razão se construiriam monumentos nos túmulos de pessoas importantes? Por que outro motivo haveria estátuas em parques ou outros locais públicos? Que outro motivo há para que os países tenham bandeiras nacionais? Esses objetos engendram um relacionamento constante, transmitindo os nossos valores de uma maneira que não está ao alcance de outras coisas. As pessoas vêm e vão; elas se modificam, elas envelhecem, elas animam, elas desiludem. Assim acontece com o nosso eu e com as idéias e eventos da nossa vida. Mas as coisas continuam a personificar e a refletir os nossos relacionamentos constantes no nível público.

Relacionamento com eventos

A intensidade do nosso relacionamento com eventos públicos pode ser avaliada pelo anseio com o qual esperamos o jornal do dia! Toda nossa vida se constitui de uma série de eventos — privados e públicos. No tocante aos eventos públicos, o nosso relacionamento vai depender evidentemente do nível do nosso interesse e envolvimento com respeito à área específica de cada evento particular, seja ele político, social, acadêmico, artístico, religioso, profissional, esportivo, etc.

A principal questão no tocante a isso é o aumento exponencial da quantidade de atividades e eventos de todo tipo que nos cercam diariamente; e, apesar do nosso real interesse por vários deles, nossos recursos finitos, em termos de tempo, de talento, de energia e de finanças, afetam profundamente a maneira como nos relacionamos com esses eventos e nos envolvemos com eles. Quanto a isso, a nossa capacidade de estabelecer, de acordo com as nossas necessidades, valores e competências, a prioridade quanto à nossa vida pessoal, profissional e pública e de equilibrá-las conscientemente vai desempenhar um papel deveras crucial e decisivo na determinação da profundidade e da direção do nosso relacionamento com eventos em nossa vida pública.

Relacionamento com idéias

Na nossa vida pública, também temos um relacionamento com idéias. Este se manifesta na maneira como agimos diante das várias características que determinam o perfil da nossa sociedade ou na maneira como nos relacionamos com essas características. Dou a seguir alguns exemplos.

Em primeiro lugar, vem a nossa idéia sobre o "trabalho". Originalmente, buscávamos o trabalho como meio de sobrevivência. Em nossos dias, trabalhamos para obter uma renda que vá além disso. É cada vez mais freqüente ouvirmos falar, especialmente da parte de pessoas mais jovens, do trabalho como fonte de realização pessoal – o trabalho que satisfaça não só uma necessidade econômica mas também um imperativo psicológico.

Também a nossa idéia sobre o ambiente e, por conseguinte, o nosso relacionamento com ele têm se transformado. Originalmente, éramos subservientes diante da natureza. Então começamos a dominá-la. Agora, dada a ameaça da poluição excessiva e de suas danosas conseqüências, cresce a pressão para que tenhamos uma atitude de cuidado mais inteligente e esclarecido com relação ao nosso ambiente. O mesmo acontece com os nossos recursos naturais; usamo-los e ainda os estamos explorando apesar do aumento do clamor por um desenvolvimento que não destrua.

Como outro exemplo, foi por causa da mudança das idéias acerca do papel das mulheres na sociedade que o tratamento das mulheres teve alterações ponderáveis; passamos do papel anterior de principais responsáveis pelo lar e pela família à sua consideração como "parceiras plenas no progresso".

Em conseqüência, é o modo como nos relacionamos com as *idéias* na nossa vida pública que determina o perfil da nossa sociedade.

❉ ❉ ❉

Até agora, traçamos um panorama dos vários níveis, dimensões e tipos de relacionamentos da nossa vida e fizemos uma breve consideração das questões que temos diante de nós no que se refere a esses relacionamentos. Fizemos isso com o objetivo de oferecer um esboço, de modo algum exaustivo, com o simples fim de proporcionar um vislumbre do profundo e complexo mundo dos relacionamentos. Tendo isso como pano de fundo, podemos agora examinar de modo mais elaborado a dinâmica dos relacionamentos que constituem a nossa vida, com a sua multiplicidade de níveis e de dimensões.

Em termos simples, a vida é uma série de experiências.

Se nos recordarmos de toda a nossa vida, da infância até o momento presente, aquilo de que nos lembrarmos será somente uma série de experiências. Se a vida é experiência, o que é experiência? Experiência não é o que acontece conosco; experiência é o que *fazemos* com o que acontece conosco. E o que *fazemos* com o que acontece conosco depende do que *pensamos* que acontece conosco. O que *pensamos* que acontece conosco depende da nossa dinâmica interior no nosso íntimo — no âmbito do nosso corpo, da nossa mente e das nossas emoções. Os relacionamentos se estabelecem e as experiências "acontecem" com base na reação que temos diante do ambiente.

Um relacionamento é, portanto, uma série de interações constantes entre as reações que fluem da nossa dinâmica interior e as reações advindas da dinâmica exterior — dos vários elementos, isto é, pessoas, coisas, eventos e idéias, que constituem o nosso ambiente exterior. E é a isso que se resume a nossa vida! Nesse sentido, a vida é toda relacionamentos.

A vida é toda relacionamentos.

O aspecto mais interessante e relevante na *dinâmica dos relacionamentos* está no fato de nós, na qualidade de seres humanos, termos o potencial de escolher nossas reações aos estímulos que nos vêm do ambiente exterior e, assim, podermos alterar os nossos relacionamentos, a nossa vida. A qualidade dos nossos relacionamentos depende do tipo de opção que fizemos no passado e continuamos a fazer no presente.

Por infelicidade, a maioria das reações das pessoas tem quase sempre a forma de "lutar ou fugir" ou "atacar ou evitar" — respostas reativas. É essa característica reativa das nossas respostas que causa relacionamentos conturbados. Para evitar isso e nos tornar capazes de administrar os nossos relacionamentos de maneira desejável e duradoura, precisamos compreender mais profundamente tanto a "dinâmica interior" do nosso eu como a "dinâmica exterior". Fazê-lo vai nos tornar capazes de adquirir a capacidade de escolher as nossas reações — de nos tornarmos verdadeiramente proativos e criativos.

A DINÂMICA INTERIOR — O RELACIONAMENTO CONSIGO MESMO

Quem sou eu? Quem é você? Na Parte Um, tratamos desse aspecto de modo deveras elaborado, tendo descoberto que não somos somente o nosso corpo, a nossa mente ou as nossas emoções. Esclarecemos serem estes últimos, primordialmente, os aspectos funcionais do eu. Na realidade, os conflitos persistentes por que passamos na vida e no trabalho decorrem em larga medida da identidade equivocada que conferimos a nós mesmos ao supor que somos aquilo que nos pertence — o nosso eu egóico.

Os conflitos persistentes por que passamos na vida e no trabalho decorrem em larga medida da identidade equivocada que conferimos a nós mesmos ao supor que somos aquilo que nos pertence.

Desse modo, quem somos de fato? Ainda que já tenhamos tratado desse assunto, é útil repetir essa abordagem para compreender de maneira mais clara a dinâmica do relacionamento com o nosso Eu; porque dessa compreensão depende a dinâmica de todos os nossos outros relacionamentos.

A dinâmica, as interações, os "relacionamentos" entre o nosso corpo, a nossa mente e as nossas emoções são o eu egóico ou o "mim". Cada um desses três aspectos é uma parte ímpar e integral de mim, mas não é o verdadeiro eu. *O verdadeiro Eu é o "eu interior", a percepção, a consciência, uma espécie de "observador" ou "testemunha" constante ao longo de toda a minha vida – o Eu centrado, o Eu proativo e criativo*, como foi explicado na Parte Um. Toda mudança e todo crescimento positivo podem ocorrer nessa zona intermediária importante que separa o "mim" – as áreas funcionais do meu Eu de que sou consciente – e o "eu" – o Eu centrado que percebe.

Esse "eu", o eu interior, é o Eu proativo, a arena da discriminação, o nível a partir do qual podemos escolher as nossas respostas. Trata-se também do nível da percepção, que é a fonte da verdadeira criatividade – a inteligência criativa, que é a síntese da inteligência intelectual, da inteligência intuitiva e da inteligência emocional.

Permanecer em contato com esse nível do Eu – o eu que observa, o eu que administra ou o eu centrado – que é "perceptivo", proativo e criativo, e ao mesmo tempo manter-se afastado do nosso eu egóico, e agir de acordo com isso em nossos vários relacionamentos exteriores com pessoas, coisas, idéias e eventos – permanecer assim nos dá a liberdade e o poder de estar "com a responsabilidade" pelas nossas ações, pelo nosso comportamento, pela nossa experiência de vida, "no controle" destes.

Nisso reside a assunção do verdadeiro poder; isso nos permite perceber toda situação com equanimidade e agir criativamente, transformando o nosso comportamento de compulsões interiores reativas autocentradas e vinculadas com o ego em controle interior proativo. Agir a partir da identidade egóica gera reatividade, a reação de lutar ou fugir, atacar ou evitar, leva à perda da capacidade de agir com inteligência. Isso vicia todos os nossos relacionamentos e corrói o nosso potencial vital.

A DINÂMICA EXTERIOR: A COMPLEXIDADE DOS RELACIONAMENTOS

O processo de compreender, de viver e de agir a partir desse nível mais profundo do Eu nos permite descobrir um equilíbrio apropriado em nossos vários relacionamentos "exteriores" — que não são apenas complexos mas costumam ser conflitantes. Se não agirmos a partir desse eu centrado, encontraremos enormes dificuldades para lidar com esses relacionamentos de maneira eficaz — ou administrá-los e mantê-los de modo saudável e harmonioso.

O desafio está claramente, antes de tudo, no nosso relacionamento com as *pessoas*. Mesmo criar e manter um relacionamento com uma única pessoa é difícil. Há sempre altos e baixos, bem como conflitos de vários tipos. Afetam esse relacionamento os relacionamentos que temos com outras pessoas, como com a nossa família ampliada. Isso gera complexidade, o que costuma provocar conflitos de interesses e relacionamentos conturbados.

Imagine agora o quanto essa complexidade é multiplicada quando pensamos nos relacionamentos não somente em casa como no trabalho e alhures. Aqui também há todos esses contínuos altos e baixos que requerem e drenam bastante energia.

Somem-se a isso todos os nossos relacionamentos com *coisas* que queremos ter, usar e aproveitar. Também aí há conflito entre os nossos relacionamentos com várias coisas, "necessidades" e "superfluidades", da mesma maneira como há uma espécie de conflito embutido em nossos relacionamentos com diferentes pessoas. Sempre se justapõem e entram em conflito os relacionamentos entre as coisas que desejamos. Para manter um relacionamento equilibrado entre as exigências muitas vezes conflitantes de várias coisas, precisamos ter um sentido claro e proativo de nossas prioridades.

Mais uma vez, temos de considerar, sobrepostos a tudo isso, os nossos relacionamentos com *eventos* e *idéias*.

A Dinâmica dos Relacionamentos

Temos, por conseguinte, de reconhecer que o mundo dos relacionamentos tem uma complexidade bem maior do que imaginávamos. Essa complexidade gera muita tensão, muitos distúrbios e muita insatisfação — e mesmo, às vezes, doenças. No final, isso pode levar, e infelizmente leva, muitos relacionamentos em outra situação desejáveis a ruir prematuramente e a corroer a riqueza da nossa vida.

Deve-se assim perceber que administrar relacionamentos com eficiência e eficácia requer conhecimento especializado e esforços constantes. A inteligência comum, ou o senso comum, não é por si só adequada ao tratamento da dinâmica sutil e peculiar dos relacionamentos. Com efeito, tem-se de agir permanecendo em contato com o nosso eu proativo — o elo perdido —, e envolvido com ele, e ao mesmo tempo apartado do eu egóico reativo, porém agindo *através* do eu ego, com o qual todos os relacionamentos estão "relacionados". Agir com esse "envolvimento distanciado" pode nos capacitar a administrar os nossos relacionamentos de uma maneira que garanta uma vida rica, harmoniosa, inteligente e dotada de sentido.

Por que e como? Mais uma vez, acentuemos que o nível do ego, o nível normal, o chamado nível intelectual ou racional em que geralmente agimos, é bem simplesmente, por sua própria natureza, autocentrado ou egoísta, o que costuma produzir múltiplos conflitos. Essa é a razão central da existência de relacionamentos frustrados e rompidos. Para alcançar a harmonia em nossos relacionamentos e paz de espírito, temos de nos afastar do "mim" ou eu egóico. Se tivermos uma percepção desapegada e profunda, que se desenvolva com a nossa experiência da nossa real identidade como o Eu centrado, poderemos perceber todos esses relacionamentos frustrados e todos esses conflitos que nos cercam se dissolverem em complementaridades.

Para alcançar a harmonia em nossos relacionamentos e paz de espírito, temos de nos afastar do "mim" ou eu egóico.

Tomemos um exemplo hipotético que indica uma reação costumeira a uma situação. Vamos selecionar ao acaso um relacionamento pessoal no presente, um relacionamento com outra pessoa: dois amigos, A e B; e um relacionamento do passado: A e seus pais. Também vamos escolher um aspecto desse relacionamento, a química positiva se tornando neutra ou negativa, bem como um nível que afeta esse relacionamento — o nível administrativo: A e B também são colegas de trabalho. Então, ao acaso, escolheremos um relacionamento com uma coisa (o álcool), com um evento (a perda do emprego) e com uma idéia (o capitalismo) — e acrescentar uma questão relativa ao eu interior (a busca de auto-estima). Assim, nossa história dos relacionamentos poderia se assemelhar a:

A e B sempre se deram muito bem. Eles trabalham na mesma empresa. Recentemente, A e B souberam que A vai perder o emprego. A teve a impressão de que B estava ficando um pouco mais distante, como se estivesse se afastando dele. A pensou que B agia assim porque estava se sentindo incomodado com o fato de que continuaria no emprego mesmo depois que o trabalho de A terminasse. Os dois costumavam tomar uma cervejinha depois do trabalho, mas agora A passou a fazer isso sozinho. Enquanto bebia, A começou a refletir sobre a perda do emprego, sobre a dificuldade que seria conseguir outro, sobre como todo o sistema econômico é deficiente por criar tal frustração e insegurança, sobre o fato de que deveria haver alguma proteção para os trabalhadores... mas então lembrou que nunca se sentira protegido — nem mesmo na infância, enquanto crescia; seu pessoal sempre dizia que ele seria um fracasso... e parece que ele se tornou mesmo um fracasso...

Trata-se de uma situação e de um padrão razoavelmente típicos. Na verdade, as coisas costumam ser ainda piores e mais complicadas se considerarmos todos os outros níveis, dimensões, tipos e perfis de todos os relacionamentos relevantes.

Se os relacionamentos se manifestassem na forma de "fios", em qualquer momento dado provavelmente veríamos literalmente centenas de emaranhados ao nosso redor — mal poderíamos nos mover! E quanto maior o número de emoções negativas que tivermos associado a esses relacionamentos, tanto mais paralisados ficaríamos.

E eis-nos aqui cercados por fios de todos os lados. Como nos movemos para a frente ou simplesmente nos movemos? A solução está dentro de nós. Considerar os fios emaranhados como uma teia que nos prende ou como vínculos ou oportunidades para uma vida rica e vibrante depende de nós — das nossas percepções e da posição em que nos colocarmos. Se visualizarmos os fios emaranhados dos nossos relacionamentos como um casulo, e virmos o nosso eu interior como uma potencial borboleta, a mensagem é clara. Somos chamados a romper o casulo dos relacionamentos envolvidos pelo ego, somos convocados a ser livres e a aprofundar os nossos relacionamentos por meio do envolvimento distanciado.

Em outras palavras, a precondição para administrar relacionamentos de maneira saudável e constante consiste em administrar o relacionamento com o nosso eu verdadeiro — o eu, e não simplesmente o mim. Se pudermos responder à pergunta "Quem sou eu?" de maneira autêntica e num nível superior de percepção, poderemos evitar levar uma vida com uma identidade equivocada, na dimensão do limitado eu centrado no ego, que resulta freqüentemente em conflitos interiores, em relacionamentos

Somos chamados a romper o casulo dos relacionamentos envolvidos pelo ego, somos convocados a ser livres e a aprofundar os nossos relacionamentos por meio do envolvimento distanciado.

A precondição para administrar relacionamentos de maneira saudável e constante consiste em administrar o relacionamento com o nosso eu verdadeiro.

exteriores abalados ou rompidos e numa qualidade de vida abaixo do ideal.

A TRAJETÓRIA DA DINÂMICA DA VIDA — EVOLUÇÃO DA IDENTIDADE PESSOAL

Mas é importante esclarecer aqui que o ego não é por si mesmo ruim. Com efeito, o ego é absolutamente essencial, não somente para a nossa sobrevivência psíquica, mas também para a interação e a relação com a dinâmica exterior formada por pessoas, coisas, eventos e idéias. Ele é também o ponto de partida da trajetória da nossa vida, que atravessa três fases:

- Na primeira fase, desenvolvemos o eu egóico; trata-se da "construção" do ego. Essa fase pode durar a adolescência, vinte anos e às vezes até trinta (varia de indivíduo para indivíduo), e é vital não somente para a nossa identidade pessoal e para a nossa sobrevivência psíquica, mas também para o nosso desenvolvimento pessoal.

- Na segunda fase, temos a maturidade do ego, a "discriminação" do ego. Nessa fase, compreendemos o que é o ego e quem de fato somos e não somos.

- Para além da maturidade do ego está o terceiro nível, a "superação" do ego: a transcendência do ego — o estágio da "borboleta" antes mencionado. Apartamo-nos do ego e deixamos de ser o ego. Em vez disso, usamos o ego — agimos por meio dele. Trata-se do nível no qual deveríamos agir como adultos conscientes e inteligentes.

Logo, a trajetória da vida se compõe de: desenvolvimento do ego, amadurecimento do ego e transcendência do ego — construção, discriminação e superação do ego. Tendo superado o ego e desenvolvido a identidade ou relacionamento real com o nosso verdadeiro Eu, podemos começar a perceber todos os relacionamentos, múltiplos e em múltiplos níveis, com pessoas, coisas, eventos e idéias de mâneira mais proativa, mais profissional e mais equilibrada.

A trajetória da vida se compõe de construção, discriminação e superação do ego

Podemos então levar à excelência e enriquecer os nossos relacionamentos — fazendo conexão com o "elo perdido" e aprimorando o significado e o propósito da nossa vida: *gozar a vida enquanto ganhamos a vida.*

Desse modo, aquilo de que de fato precisamos é uma síntese, um vínculo apropriado, entre as nossas necessidades *egoístas* do nível do ego, autocentradas, e a nossa consciência *sem ego* de ser transcendente, e o agir com o "Eu equilibrado". Não temos de tornar concreta a sardônica observação de Benjamin Disraeli de que "a juventude é um erro; a idade adulta, uma batalha; a velhice, um arrependimento". Cultivando um relacionamento "consciente" e flexível entre a nossa dinâmica interior e a dinâmica exterior, nossa juventude pode ser uma construção, o começo da nossa idade adulta, uma discriminação e o final da idade adulta, uma superação!

Nossa juventude pode ser uma construção, o começo da nossa idade adulta, uma discriminação e o final da idade adulta, uma superação!

Tendo considerado as questões relativas à nossa dinâmica interior, basicamente o nosso relacionamento com o nosso Eu e com o eu egóico, bem como o "ponto de referência interior" do Eu equilibrado em nossas relações com a dinâmica exterior, vamos discutir agora de que modo podemos, a partir dessa atitude, nos relacionar com algumas das questões vitais dos relacionamentos.

HIATOS: EXPECTATIVAS *VERSUS* REALIZAÇÃO, INTENÇÃO *VERSUS* AÇÃO

A nossa identificação com o eu egóico ou o nosso apego excessivo a ele produz "hiatos": de um lado, o hiato entre as expectativas que temos a partir do ambiente, da dinâmica exterior, e a realização dessas expectativas ou a realização que percebemos; e, do outro, o hiato que separa a nossa intenção de agir ou nos comportar de uma certa maneira e o nosso comportamento real. Ambos esses hiatos causam frustração interior e, possivelmente, frustração nos nossos relacionamentos exteriores.

A satisfação é uma função da maior ou menor correspondência entre expectativa e realização, tanto com referência à nossa ação ou desempenho, como com referência à ação ou desempenho das outras pessoas. Se coincidem, há satisfação; mas, para a nossa infelicidade, é muito comum que não seja esse o caso. Costuma haver, para a maioria das pessoas, um hiato entre aquilo que esperam e aquilo que percebem como sua realização. Em todo relacionamento, há certo grau de frustração e certo grau de satisfação. Nosso desejo e esforço habituais costumam evitar ou reduzir a frustração e aumentar a satisfação. E como podemos fazê-lo? O arcabouço conceitual para isso é na verdade bastante simples e claro, ainda que a sua dinâmica possa na superfície parecer complexa.

A satisfação é uma função da maior ou menor correspondência entre expectativa e realização.

Tomemos o exemplo do relacionamento entre A e B (veja a Figura 11). A satisfação para A ocorre quando a realização percebida por A do comportamento de B é igual à expectativa que A tem com relação a B ou a excede. Mas o que muitas vezes acontece está descrito na ilustração, que indica os "hiatos" que fazem parte da experiência tanto de A como de B.

A tem uma certa expectativa (área 1) com relação a B, e sua percepção da ação de B (área 2) está aquém de suas expectativas

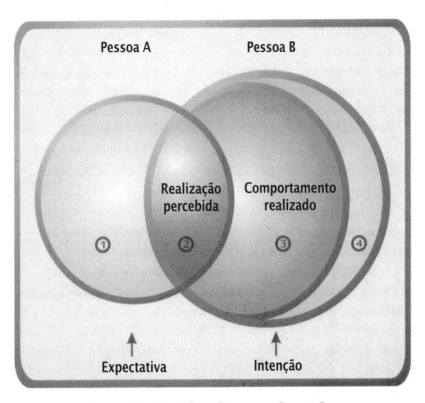

Figura 11. Intenção-ação-percepção-reação.

(área 1), o que causa frustração em A. E isso afeta o comportamento de A na presença de B.

B, por sua vez, tem a real intenção (área 4) de ir além daquilo que percebe como as expectativas de A (área 1). O comportamento ou desempenho real de B (área 3), ainda que possam estar aquém das próprias intenções de B (algo que costuma acontecer), ainda podem ser superiores à percepção de B das expectativas de A e das reais expectativas de A (área 1). Assim, B supõe que A fique satisfeito e espera um certo reconhecimento, ou ao menos uma reação apropriada, de A que indique sua satisfação. Porém, como observamos, A na verdade está desapontado ou frustrado com o comportamento de B, dado que a sua percepção do comportamento de B ficou aquém da expectativa que ele tinha com relação a B e, portanto, age de acordo com isso, criando frustração em B! Haverá também outra camada de frustração em B se sua ação real estiver aquém das intenções que ele tem. Tudo isso resulta evidentemente numa tensão negativa no relacionamento entre A e B.

Para ir além dessa espiral viciosa, cujo resultado são relacionamentos negativos, teríamos de ser:

1. mais equilibrados/realistas em nossas expectativas com relação aos outros;
2. mais concentrados nas intenções alheias do que simplesmente em suas ações;
3. menos reativos, menos tendenciosos ou preconceituosos em nossas percepções e julgamentos.

Podemos pôr em prática as atitudes e abordagens acima descritas permanecendo centrados na consciência do envolvimento distanciado, como se explicou e enfatizou antes e se explica mais a seguir.

Como a satisfação é a diferença entre as nossas expectativas e as nossas realizações, é evidente que, para aumentar a nossa satisfação, ou aumentamos as nossas realizações percebidas ou reduzimos as nossas expectativas. Para fazer qualquer dessas coisas, temos de diminuir progressivamente a nossa identificação com o nosso eu egóico, que em geral tende a desvalorizar as nossas realizações (devido a uma tendência comum de diminuir a si mesmo ou exceder na modéstia — ainda que para algumas pessoas possa ser o contrário), no momento mesmo em que ele aumenta as nossas expectativas.

Devemos, em primeiro lugar, ter em mente a diferença entre as intenções de realizar e a expectativa de resultados que surgem enquanto nos esforçamos para realizar...

Temos de compreender a sutileza que envolve essa questão com bastante cuidado. Devemos, em primeiro lugar, ter em mente a diferença entre as *intenções de realizar* e a *expectativa de resultados* que surgem enquanto nos *esforçamos para realizar...* As nossas intenções de realização sempre devem permanecer elevadas. Do contrário, não haverá progresso nem desenvolvimento, mas só estagnação e decadência. O que se indica e se defende aqui é que, embora nossas intenções de chegar à realização das nossas expectativas (e os nossos esforços nesse sentido) possam e devam permanecer elevadas, nossas expectativas quanto a resultados, *quando estamos nos esforçando para alcançar* esses resultados, não devem ser excessivamente altas nem cinicamente baixas.

É muito interessante saber por que deve ser assim. Uma coisa que costuma ser deixada de lado é que, na nossa psique humana, sempre que há uma expectativa, há sempre uma ansiedade concomitante quanto a não atender a essa expectativa. E essa ansiedade contamina os nossos esforços, o nosso desempenho, o processo necessário para alcançar os resultados, para atender às nossas expectativas.

Com o envolvimento distanciado, ocorreriam várias coisas:

- Em primeiro lugar, seríamos capazes de conceber as nossas intenções de realizar e as nossas expectativas de maneira proativa e equilibrada, tendo em mente, de um lado, a necessidade de um ímpeto interior forte de progresso contínuo e, do outro, o realismo prático que evite o excesso de otimismo nas expectativas.

- Em segundo lugar, também perceberíamos as nossas realizações de modo proativo e equilibrado, sem tendenciosidades nem preconceitos reativos.

- Em terceiro — e isso é crucial —, ainda que haja um hiato ponderável, em alguma direção, entre a nossa expectativa e a nossa realização percebida, a nossa identidade com o nosso eu interior, o verdadeiro eu, nos tornará aptos para agir com envolvimento distanciado e evitar tanto a exaltação indevida como a depressão reativa.

- Por fim, com uma tal abordagem equilibrada, seríamos capazes de administrar a dinâmica dos nossos relacionamentos num nível apropriado, aumentando a nossa satisfação e gerando um decréscimo de nossa frustração.

Uma ilustração do tipo de dinâmica passível de emergir com essa abordagem está na Figura 12.

GRAVIDADES

Já fizemos breves considerações sobre esse conceito na Parte Um, quando tratamos da questão do relacionamento com eventos. Vamos retomá-lo aqui.

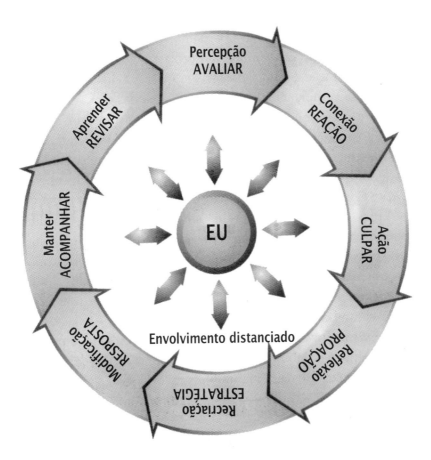

Figura 12. Dinâmicas do envolvimento distanciado.

Para repetir o que já foi enfatizado, há gravidade aqui na Terra. Também sabemos que essa gravidade impõe grandes limitações à nossa liberdade de movimentos e que regula a nossa vida numa variedade de maneiras. De modo geral, se algo ou alguém limita ou prejudica a nossa liberdade, resistimos de imediato e protestamos. Mas ninguém parece protestar contra a gravidade! Por quê? A razão é que todos aceitaram a gravidade como um fato da vida completamente inalterável. Uma das grandes dádivas da natureza à psique humana é que, se percebemos que alguma coisa é totalmente inalterável, tendemos a nos relacionar com ela não somente numa atitude de aceitação passiva, mas também, com grande freqüência, com uma atitude de aprendizagem ativa de como nos ajustar a ela — e sem nenhum sentimento negativo.

Agora vamos considerar se há em nossa vida coisas ou situações com o mesmo caráter que tem a gravidade: totalmente imutáveis, seja sempre ou num dado período de tempo. Se descobrirmos que, com efeito, há em nossa vida essas "gravidades" imutáveis, deveremos identificá-las com clareza e aprender a nos relacionar com elas nesses termos.

Se examinarmos os nossos diferentes níveis da vida, o pessoal, o profissional e o público, descobriremos em cada um deles várias dessas gravidades (veja a Figura 6).

Nível pessoal

Por exemplo, repetindo, há vários aspectos físicos ou características de nosso corpo que não podem ser alterados por toda a nossa vida, e alguns, como o peso, que não são modificáveis por um dado período — de, digamos, um ano, três meses, uma semana ou mesmo um dia. Além disso, há em outras dimensões do nosso eu mental e emocional "gravidades" que são igualmente modificáveis ou inalteráveis, seja a vida inteira ou ao longo de um período de tempo específico.

Pensando no nosso tempo de vida, nos próximos dez anos ou num dado intervalo de tempo, o que é imutável? Várias coisas podem nos ocorrer: a morte, o envelhecimento, o nosso passado, doenças crônicas, etc. Em cada um desses casos, podemos ter sentimentos negativos. Isso é quase um fenômeno universal — quase todas as pessoas têm sentimentos negativos com relação a essas situações — e parece bem natural ter com elas um relacionamento negativo. Na realidade, contudo, isso não é muito inteligente, visto que, mesmo que possamos ter sentimentos negativos com relação a elas e mesmo que tentemos incessantemente alterar alguma delas, como essas situações são imutáveis como a gravidade, na realidade nada vai mudar! Isso só serve para causar frustração e uma corrente subterrânea de sentimentos negativos.

Mais uma vez, aqui também devemos ser cuidadosos na compreensão dessa noção. A idéia não é dizer que não se deva fazer nada com respeito ao fenômeno da morte, do envelhecimento ou da doença terminal. Claro que, por exemplo, se deve definitivamente tentar fazer todo o possível e necessário para tornar a morte o mais adiável e indolor possível. Mas o centro da noção é que, enquanto estiver fazendo esses esforços, a pessoa não deve se deixar atormentar por sentimentos negativos. Deve-se tentar encarar os eventos com "aceitação", pois do contrário a experiência dos sentimentos negativos vai com efeito piorar a situação, podendo mesmo intensificar o problema e acelerar o ponto culminante do evento.

Nível profissional

Do mesmo modo, no nível profissional, no local de trabalho, pode haver várias pessoas, coisas, eventos ou mesmo idéias em termos da cultura e das estratégias da organização de que a pessoa pode não gostar ou com os quais a pessoa pode não se relacionar sem problemas. Mas, depois de considerar quaisquer desses elementos de maneira objetiva, sincera e honesta, se se concluir que no momento, ou num dado período de tempo, por mais que se faça, esses elementos não vão mudar, que eles são "gravidades", a pessoa terá de se relacionar com eles nessa sua condição e aprender a conviver com eles com o mínimo de sentimentos negativos (durante o período especificado). Relacionando-se com essas gravidades dessa maneira, vai-se evitar um sentimento negativo constante com relação a eles, o que nos drena a energia e se torna improdutivo. Uma conseqüência relevante e positiva disso seria a de nos capacitar a concentrar a energia e a atenção, de modo positivo, em elementos passíveis de mudança.

Nível público

O mesmo se aplica às "gravidades" do nível público. Por exemplo, se se decidiu viver numa região ou comunidade específica e houver algumas características nelas que não são agradáveis porém constituem "gravidades", a pessoa terá de aprender a aceitá-las e a ajustar-se a elas. Ao mesmo tempo, se alguma dessas "gravidades" parecer alterável ao longo de um período de tempo mediante um esforço constante, então, ao tempo que aceita conviver com elas no momento, e sem nenhuma reatividade negativa com relação a elas, deve-se continuar a fazer os esforços, de forma proativa, tendentes a alterá-las.

É comum ficarmos agitados com relação a coisas ou situações que são inalteráveis num dado horizonte temporal. Desperdiçamos as nossas emoções, as nossas energias e os nossos recursos, ao tempo que perturbamos alguns dos nossos relacionamentos importantes, ao tentar modificar essas gravidades. Além disso, há várias outras coisas e situações que podemos influenciar e mudar, mas se a nossa atenção e as nossas energias estiverem preocupadas ou envolvidas de maneira improdutiva (na tentativa de alterar o inalterável), a eficácia dos nossos esforços em outras áreas, assim como os nossos relacionamentos, ver-se-ão séria e adversamente afetados.

Em conseqüência, para sermos inteligentes nos nossos relacionamentos com os vários elementos interiores e exteriores da nossa vida, precisamos identificar explicitamente, nos vários níveis — pessoal, profissional e público —, quais são as gravidades e o que não são gravidades. Isso nos permitirá situar os nossos relacionamentos com essas coisas de maneira mais eficaz, assim como poderemos fazer uma alocação mais judiciosa dos nossos recursos e energias limitados. Mediante o estabelecimento das prioridades adequadas, poderemos, por um dado tempo, produzir o máximo possível de mudanças e reduzir as gravidades que nos cercam.

Deve-se insistir no fato de que essa abordagem não implica uma aceitação passiva ou fatalista de todas as coisas. Pelo contrário! Ela implica que, se desejamos nos situar de maneira adequada nos nossos relacionamentos e ser mais eficientes nas nossas estratégias de "mudança", teremos de aplicar os nossos recursos limitados de modo proativo e em termos de prioridades, em vez de dissipá-los numa atitude emocional ou preconceituosa mais reativa.

Deve-se do mesmo modo observar que pode haver situações ou coisas específicas com respeito às quais não podemos ter absoluta certeza sobre se são de fato gravidades ou "mutabilidades" — e, portanto, temos de tratá-las com certa dose de hesitação. É por esse motivo que a linha da figura que indica gravidade (Figura 6 vista antes) é pontilhada e não contínua.

O fator crucial é que temos de usar essa abordagem de modo honesto e objetivo; do contrário, haverá com certeza o perigo de ficarmos complacentes ou passivos, ou mesmo irresponsáveis, ao tratar a maioria das coisas como inalterável. Logo, antes de tratar alguma situação como gravidade, temos de ter muita certeza, honesta e objetivamente, de que ela o é de fato. Temos de nos recordar que essa abordagem é apenas uma ferramenta ou instrumen-

Toda ferramenta ou instrumento pode ser objeto tanto de uso como de abuso. to. Toda ferramenta ou instrumento pode ser objeto tanto de uso como de abuso. Uma faca nas mãos de um cirurgião habilidoso pode salvar uma vida, mas a mesma faca nas mãos de um cidadão irresponsável pode tirar uma vida!

CONVIVER COM AS REALIDADES DOS HIATOS E DAS GRAVIDADES

Como podemos pôr em prática a nossa compreensão dos muitos tipos e níveis dos relacionamentos? Como reagir aos hiatos que vivemos com relação a outras pessoas e às gravidades do nosso relacionamento com coisas e eventos?

Começamos por ter uma percepção inteligente deles, e por identificá-los e aceitá-los como tais. Refletindo sobre os nossos relacionamentos com as pessoas, podemos vir a compreender as expectativas que temos com relação a elas e as expectativas que elas têm com relação a nós. Temos de aceitar o fato de que é possível que essas expectativas raramente coincidam por inteiro. E, refletindo sobre todos os eventos da nossa vida, podemos vir a compreender que alguns aspectos, gostemos ou não, são como a gravidade: o envelhecimento, a doença, a morte, o nosso passado, etc.

Tendo em mente a possibilidade de transferir a nossa identidade pessoal do eu egóico reativo para o Eu proativo interior, e nos relacionando com todas as coisas a partir dessa posição, como se explicou antes, poderemos aceitar os "hiatos" e as "gravidades", e aprender a viver com eles sem nenhum sentimento negativo ou com o mínimo de sentimentos negativos. Isso nos tornaria aptos a prosseguir em nossa vida de maneira mais livre e entusiasmada, mais positiva e proativa, o que deve de fato produzir uma diferença desejável nos nossos relacionamentos.

Retomando nosso exemplo anterior dos dois amigos, A e B, com uma tal compreensão, A poderia começar a pensar de outra maneira.

"Meu amigo tem por certo alguma outra razão para se afastar de mim. Pode ser que pense que eu vá me sentir incomodado ou embaraçado de falar com ele sobre a perda do meu emprego, ou talvez ele pense que eu possa sentir inveja dele... Pode ser que eu não deva ser tão reativo com relação a isso e é possível que eu deva tomar uma iniciativa proativa e esclarecer meus sentimentos, e, se possível, recuperar o meu relacionamento com ele.

É frustrante perder o emprego, mas não é de fato um desastre nem o fim do mundo. Isso não deveria me levar à depressão. Eu ainda tenho a minha dignidade — que ninguém pode tirar de mim. Posso conseguir outro emprego. Tenho de descobrir o que me levou a perder o emprego desta vez para poder evitar que aconteça outra vez...

Tenho de aceitar esse evento, no momento, como uma Gravidade. Eu de fato valorizo a amizade de B e ela por certo vale muito mais do que o álcool que tem sido a minha companhia nos últimos tempos...

Seja qual for o sistema que dirige as coisas hoje e seja o que for que as pessoas possam pensar ou dizer sobre mim, eu ainda tenho espaço suficiente para viver de fato a minha vida com sucesso. No meu próximo emprego, tentarei aprimorar o meu desempenho.

Não é justo culpar meus pais, ou qualquer outra pessoa, pela minha situação presente. Afinal, eu tive oportunidades. Eu podia ter evitado essa situação se tivesse sido menos lerdo e mais alerta e responsável. Talvez esse choque tenha sido necessário para me fazer acordar e para me tirar da minha tendência de passividade e de 'culpar os outros'...

Na verdade, como pessoa e cidadão responsável, posso e devo me relacionar com todas as coisas que me cercam de modo mais sensível, bem como tentar fazer o melhor a fim de dar uma contribuição positiva."

O EFEITO "NRNDA" (Negação-Raiva-Negociação-Depressão-Aceitação)

Consideremos agora o modo pelo qual nos relacionamos com algumas situações sobremaneira negativas. De forma geral, a nossa reação psicológica inicial a notícias ruins começa com Negação, Raiva e Negociação. O diálogo mental imediato é muito comumente algo do seguinte teor: "Não, não pode ser verdade..."; quando se percebe que a notícia é verdadeira, a reação seguinte costuma ser a raiva: "Como isso pode acontecer comigo, por que eu, por que agora...?" Às vezes, em tom de queixa, pode-se desenvolver uma atitude de "culpar os outros" e de ficar irritado até com "Deus" — "como Ele é injusto e desleal...!" Depois de passar por essas reações emocionais iniciais, a pessoa começa a racionalizar: "Bem, não é tão ruim assim..." E a pessoa pode se lembrar das famosas três palavras mágicas: "Podia ser pior." Só depois de passar por muito sofrimento desse tipo, a pessoa se assenta numa situação de tristeza ou de Depressão, e, por fim, com a passagem do tempo, a pessoa Aceita a situação como uma "gravidade" — e se relaciona com ela, tomando-a como realidade que não pode ser modificada.

Em vez de passar pela seqüência de sofrimento descrita, o que normalmente acontece (seqüência que pode ser deveras prolongada e, talvez, para algumas pessoas, permanente), devemos nos relacionar com essas situações de um modo mais inteligente e proativo, analisando-as, apenas no estágio inicial, em gravidade ou mutabilidade, e agir diante delas de acordo com isso. O cultivo de uma tal abordagem e atitude pode evitar muito sofrimento, bem como proteger alguns relacionamentos.

Deve haver uma compreensão básica de que, em termos gerais, não nos é dado controlar fenômenos exteriores de nenhuma maneira relevante, mas temos condições de controlar as nossas atitudes com relação a eles. Se não podemos mudar o "vento", podemos ao menos mudar a posição das "velas"! E, se a estrada que vemos à nossa frente está eivada de pedras e não podemos revesti-la de couro (ou ninguém estende um tapete vermelho!), manda a sabedoria que usemos sapatos!

Se não podemos mudar o "vento", podemos ao menos mudar a posição das "velas"!

A essência da administração da dinâmica dos relacionamentos reside no cultivo das qualidades e competências necessárias para levar a um equilíbrio constante a dinâmica interior de corpo, mente e emoções, aprimorando assim a harmonia com a dinâmica exterior dos relacionamentos com pessoas, coisas, eventos e idéias — integrar o interior com o exterior.

Na Parte Três, veremos como aprofundar os nossos relacionamentos por intermédio de um dos conceitos centrais que dá coerência a tudo o que temos desenvolvido aqui: o envolvimento distanciado.

Na jornada para escrever este livro, fizemos as seguintes observações:

- A realidade é uma complexa rede de relacionamentos. Nossa vida é uma série de relacionamentos. A vida é experiência, e a experiência é a conseqüência da maneira como nos relacionamos com outros "relacionamentos".

- Estamos envolvidos em inúmeros relacionamentos — com o nosso próprio eu, com as outras pessoas, com as coisas, com os eventos e com as idéias.

- O nosso sucesso e a nossa felicidade na vida e no trabalho dependem em larga medida da nossa capacidade de administrar relacionamentos de modo eficaz.

Nesta parte conclusiva, vamos examinar o conhecimento, as capacidades e atitudes de que precisamos para administrar com eficácia todos os nossos relacionamentos. Vamos considerar a necessidade de alterar o nosso nível de pensamento, reduzir ao mínimo as barreiras a essa alteração e alcançar uma "condição" que vai além dessas barreiras, o "envolvimento distanciado". Essa modalidade de envolvimento é uma precondição para se adquirir o conhecimento de como fazer, como sentir e como agir que é necessário à criação de relacionamentos dotados de sentido e de sustentação.

ADQUIRIR CONHECIMENTO *VERSUS* APLICAR CONHECIMENTO

Os muitos fios que compõem os nossos relacionamentos podem constituir em nossa vida uma prisão — ou um casulo para o crescimento. O que serão esses fios? Podemos optar pelo crescimento se compreendermos como pôr em prática alguns dos conceitos que já exploramos até agora.

No caudaloso rio dos conceitos de administração, assim como no mar dos livros e grupos de auto-ajuda e de "como-fazer", há muitas idéias úteis. Não obstante, apesar da contínua torrente de novas idéias, a maioria de nós encontra dificuldades para pô-las em prática. E é assim que o hiato entre o nosso conhecimento e o nosso desempenho ou comportamento, e entre o que queremos fazer e o que somos capazes de fazer, continua a crescer.

O hiato entre o nosso conhecimento e o nosso desempenho ou comportamento, e entre o que queremos fazer e o que somos capazes de fazer, continua a crescer.

Para transpor esse hiato, temos de começar tratando da questão básica, isto é, "por que há um tal hiato separando conhecimento e desempenho?" ou "qual é a verdadeira barreira?" A resposta é que há uma discrepância nos nossos relacionamentos, uma lacuna a separar o modo como em geral nos relacionamos com os nossos relacionamentos e a maneira como deveríamos de fato nos relacionar com eles.

Trata-se de: um fato conhecido e reconhecido. Mas, apesar desse conhecimento, ainda não somos capazes de nos relacionar ou de nos comportar de outra forma. Precisamos perceber basicamente que *adquirir* conhecimento não equivale a *aplicar* conhecimento. Quando lemos um livro ou freqüentamos um seminário, podemos passar por alguns momentos de "Heureca!" ou de "Aha!", passar por uma verdadeira "ampliação" do nosso pen-

Adquirir conhecimento não equivale a aplicar conhecimento.

samento, e vamos embora satisfeitos e animados com aquilo que "aprendemos", movidos por um desejo e um compromisso sinceros de implementar imediatamente as novas idéias.

Contudo, embora o efeito de "halo" do livro ou seminário possa continuar por uma ou duas semanas, mais cedo do que possamos nos dar conta é muito comum que nos encontremos quase de volta ao ponto de partida! Por exemplo, seria pertinente perguntar se a liderança ao nosso redor de fato melhorou nos últimos anos, apesar de um aumento exponencial em diferentes modelos de liderança ao longo da última década. Temos de fato melhores líderes hoje nos vários campos e níveis da nossa sociedade — político, social, econômico ou acadêmico e até religioso? Infelizmente, isso não parece ter acontecido.

Para transformar conhecimento em desempenho ou em comportamento não precisamos simplesmente de mais conhecimento — precisamos de mais coragem.

Isso, contudo, não deve implicar que o conhecimento não seja útil. Na verdade, ele é essencial. Temos de continuar a adquirir conhecimentos relevantes. O foco é que o conhecimento *por si mesmo* não é suficiente. Para transformar conhecimento em desempenho ou em comportamento não precisamos simplesmente de mais conhecimento — precisamos de mais coragem. E isso só pode ser adquirido e vivenciado em outro "nível" de pensamento e de sentimento, possivelmente apenas em outro nível de consciência ou de identidade pessoal.

Seria pertinente lembrar mais uma vez as afirmações de Einstein a que nos referimos, afirmações que enfatizavam a necessidade de desenvolver outro nível de pensamento se se quiser tratar das questões, dos problemas e dos paradoxos com que deparamos hoje.

David Bohm descreve isso de maneira mais concisa. Ele diz: "Tentar colar os fragmentos de um espelho quebrado a fim de ver uma imagem perfeita é um trabalho inútil."

Está na base de tudo isso a mudança do nosso pensamento de um nível reativo para um nível proativo e criativo, para nos capacitar a transformar o nosso conhecimento em desempenho e em comportamento, o que leva a relacionamentos apropriados. A maioria de nós tem muita consciência disso. Mas por que, apesar de toda essa consciência, nós não mudamos?

"Tentar colar os fragmentos de um espelho quebrado a fim de ver uma imagem perfeita é um trabalho inútil."

BARREIRAS À MUDANÇA

A primeira barreira é o nosso relacionamento com a mudança, o conflito interior por que passamos sempre que nos vemos diante de uma mudança. Trata-se de um estranho paradoxo do comportamento humano: de um lado, na qualidade de sistemas vivos, temos um ímpeto instintivo de crescimento e de mudança. Somos sistemas auto-organizadores, auto-renovadores, interativos (*autopoiesis* e autocatálise). Ao mesmo tempo, exibimos também, num nível instintivo, a tendência de resistir à mudança. Há em nós a necessidade básica de segurança e de sobrevivência, de continuidade e de coerência, e em geral todo estímulo à mudança produz incômodo e insegurança. Num nível subconsciente, temos o anseio de permanecer em nossa estável e imutável "área de tranqüilidade"!

Mesmo da perspectiva psiconeurológica, nosso processo de pensamento é um sistema de formação e de reforço de padrões. Formamos uma opinião, um ponto de vista ou uma crença e depois só percebemos e recebemos informações que reforcem (ou possam ser levadas a reforçar) esse padrão ou crença existente. Tendemos a resistir e muitas vezes a rejeitar tudo aquilo que entre em conflito com os nossos modelos ou perspectivas. Nesse sentido, há em nós uma barreira natural que restringe a nossa capacidade de alterar e mesmo de receber, para não falar de aplicar, qualquer conhecimento novo que não "encaixe" em nossos arcabouços mentais existentes.

Nesse contexto, seria interessante usar a metáfora da "semente" para entender o paradoxo em questão. A semente traz em si um fabuloso potencial de mudança e de crescimento. Ao mesmo tempo, em seu interior, ela pode dar uma grande sensação de bem-estar. A escolha fica então entre deixá-la permanecer semente, sentir-se segura na área de tranqüilidade, e ter a coragem de fertilizar e nutrir de modo apropriado a semente para que ela brote e floresça como planta plenamente crescida com frutos ou flores!

A *segunda barreira* é o nosso relacionamento com o eu, com a nossa identidade egóica — a nossa identificação com a dinâmica de corpo, mente e emoção. Se, por exemplo, nos relacionamos com a nossa mente, com o nosso pensamento e com as nossas crenças, e com ela nos identificamos, é muito difícil alterá-la, pois isso teria como implicação destruir a nossa própria identidade! Isso cria uma barreira à mudança, dado que, se queremos produzir alterações, a precondição essencial da mudança é modificar as próprias crenças, o próprio nível de pensamento, como se discutiu.

> Precisamos cultivar a consciência e a coragem de ir além da nossa identidade egóica.

Assim sendo, precisamos cultivar a consciência e a coragem de ir além da nossa identidade do ego para transformar o nosso pensamento no comportamento desejado. Podemos então parar de nos identificar com a nossa mente, com o nosso pensamento ou com os nossos sistemas de crenças, e começar a nos desapegar e a nos libertar deles. Essa liberdade vai por sua vez aprimorar a coragem proativa de que precisamos para manter a mente receptiva a novos conhecimentos, e mesmo a conhecimentos que divirjam dos nossos, e para mudar de nível de pensamento, de sentimento e de ação — o que torna os nossos relacionamentos mais dotados de sentido e mais eficazes. Aquilo de que hoje temos mais necessidade não é mais o conhecimento convencional porém mais coragem. E a coragem não vem até nós se simplesmente ficarmos desejando que isso aconteça. *A coragem é conseqüência de um nível superior de consciência, de uma identidade pessoal que transcende nossa identidade egóica encapsulada na pele.*

Com coragem, nosso relacionamento com a mudança será mais positivo — podemos começar a considerar a mudança não apenas como renunciar a algo ou perder alguma coisa, mas como uma "troca" — receber em troca dela algo mais relevante e desejável. Talvez faça com que, num certo sentido, nos sintamos mais seguros de modo mais inteligente, percebendo que, para permanecer estáveis num mundo em mudança, temos de mudar.

Para permanecer estáveis num mundo em mudança, temos de mudar.

A questão é, em conseqüência: como se adquire ou se atinge esse nível "superior" de consciência ou de identidade pessoal alterada?

ADMINISTRAR A PARTIR DE UM ENVOLVIMENTO DISTANCIADO

O segredo da superação dessas barreiras da identidade do ego e da resistência à mudança é o *envolvimento distanciado*: um nível ampliado de consciência, de relacionamento, de identidade pessoal, capaz de transpor o fosso que separa o conhecimento do comportamento, que separa aquilo que gostamos de fazer, aquilo que temos de fazer e aquilo que somos capazes de fazer.

O envolvimento distanciado nos torna aptos a desenvolver e a aprofundar um nível e uma qualidade diferentes de relacionamento com o nosso eu e com a nossa dinâmica interior. Por paradoxal que pareça, o distanciamento leva a uma relação mais ampla com o nosso Eu, e o envolvimento a partir de um tal relacionamento ampliado com o Eu leva a um relacionamento mais harmonioso e mais autêntico com a nossa dinâmica interior corpo-mente-emoção. Tendo em nosso íntimo esse relacionamento tanto mais expandido quanto profundo, podemos começar a perceber a nossa dinâmica e os nossos relacionamentos exteriores com uma atitude mais proativa e mais criativa.

O envolvimento distanciado nos torna aptos a desenvolver e a aprofundar um nível e uma qualidade diferentes de relacionamento com o nosso eu e com a nossa dinâmica interior.

Portanto, a administração proativa dos nossos relacionamentos basicamente proporciona o elo perdido entre gozar a vida e ganhar a vida. Gera a coragem de que precisamos para harmonizar cognição e ação; facilita as atitudes necessárias para harmonizar visão, valores e desempenho; e aprimora o sentimento requerido para transformar pensar em fazer.

A administração proativa dos nossos relacionamentos basicamente proporciona o elo perdido entre gozar a vida e ganhar a vida.

A transição do apego ao ego ao envolvimento distanciado começa a elevar o nosso nível de consciência, de experiência e de identificação com um nível superior de consciência, ou com o Eu. Ao fazê-lo, essa transição nos leva a uma postura proativa, a um plano de avaliação ponderada a partir do qual podemos fazer opções e pôr em prática as nossas reações assentados num outro nível de pensamento. Como e por quê? Porque, nesse estado, permanecemos desapegados dos nossos pensamentos e emoções reativos e centrados no ego, que, se não administrados com eficácia, podem se transformar nas fontes das nossas barreiras psiconeurológicas e das nossas compulsões interiores. Por meio do envolvimento distanciado, passamos de um estado interior compulsivo ao controle interior, conquistando a liberdade e a coragem de nos relacionar com a nossa dinâmica interior e exterior de maneira proativa e garantindo relacionamentos dotados de sentido e de sustentação.

Até agora tem havido uma constante repetição da noção, talvez um pouco demais, porém o objetivo é permitir que se capte por completo e se internalize a sua essência. Em termos essenciais, a administração pelo envolvimento distanciado não é apenas um instrumento nem uma capacidade, mas um modo de vida, uma modalidade de relação com a realidade de aprofundamento dos nossos relacionamentos em geral.

A administração pelo envolvimento distanciado não é apenas um instrumento nem uma capacidade, mas um modo de vida.

Examinemos com mais detalhes esse conceito a fim de compreender com mais clareza as suas implicações.

DUAS ANALOGIAS

Duas analogias podem explicar a condição de envolvimento distanciado em termos mais práticos.

Considere o seu relacionamento com a cadeira na qual está sentado. Enquanto permanecer nela — num certo sentido, enquanto permanecer identificado com ela — você tem condições de observá-la inteiramente? Claro que não. O que você precisa fazer a fim de observar a cadeira de modo mais pleno? Mais uma vez, a resposta óbvia é: você precisa sair da cadeira para poder observá-la. Não obstante, antes de considerar a possibilidade de sair da cadeira você terá primeiro que aceitar intelectualmente o fato de que *você não é a cadeira* — que você é o único dono, o usuário, o ocupante ou administrador da cadeira. Tendo aceito esse "relacionamento", você poderá estar motivado a fazer o esforço de sair da cadeira e a começar esse esforço desapegando-se e distanciando-se um pouco da cadeira, o suficiente para permitir que você ainda mantenha um vínculo com ela, permanecendo com uma das mãos em contato com a cadeira. *Agora* você pode observá-la de modo mais pleno, apreendendo-a quase por inteiro.

Nesse processo de observação da cadeira, que exigiu que você saísse dela, ocorre uma coisa interessante e relevante: enquanto está sentado na cadeira, você não só não pode observá-la como está impossibilitado de movê-la ou de manejá-la! Na realidade, de certo modo a cadeira é que maneja você! Toda a sua postura física é controlada ou "administrada" pela cadeira física.

Podemos extrair disso a primeira lei dos relacionamentos humanos: *Você nunca pode se relacionar com aquilo com que está identificado ou excessivamente apegado, assim como nunca pode administrá-lo. E aquilo com que você está identificado ou excessivamente apegado, seja o que for, administra você.* Todo objeto que vicie ou produza apego excessivo, seja vivo ou não, vai sempre dominar você, "administrá-lo".

Quando está fora da cadeira, você ainda está em contato com a cadeira, dado que a sua mão tem de permanecer em contato com a cadeira o tempo todo. Ora, nessa posição, você pode não apenas observar a cadeira quase em sua totalidade como levantá-la, levá-la para algum outro lugar, movê-la na direção que quiser, no ritmo e da maneira que *você* preferir. Pode parecer paradoxal, mas quando não está sentado na cadeira, quando está desapegado dela, você é o mestre da cadeira!

O olho pode ver outras coisas, mas não pode ver a si mesmo; o dedo pode tocar outros objetos, mas não pode tocar a si mesmo.

Isso nos proporciona a segunda lei dos relacionamentos humanos: *Você pode se relacionar bem mais eficazmente com aquilo (qualquer pessoa, coisa, evento ou idéia) de que está de algum modo desapegado, não envolvido diretamente ou com que tem envolvimento distanciado, aplicando-se o mesmo ao administrar.*

O olho pode ver outras coisas, mas não pode ver a si mesmo; o dedo pode tocar outros objetos, mas não pode tocar a si mesmo.

A segunda analogia é a do volante de um carro. Considere a maneira como você se relaciona com o volante, o modo como você o segura ao dirigir. Quando se sentou pela primeira vez no carro, por trás do volante, a fim de aprender a dirigir, você deve ter segurado o volante com bastante força. Havia tantas variáveis assustadoras a considerar enquanto dirigia que a sua única âncora era o volante. E assim, enquanto aprendiz, você deve ter segurado o volante com força – uma ilusão de controle! Mas, depois de algum tempo dirigindo, de que maneira você segurava o volante? Com muito mais leveza – sem apertar demais e também sem soltá-lo – para poder dirigir suavemente e com maestria: um relacionamento "envolvido-distanciado", frouxo-apertado, equilibrado com o volante. Se você segurasse o volante com mais vigor ou com menos vigor, seu desempenho como motorista iria padecer!

É uma boa idéia recordar sempre dessas duas analogias, visto que nos encontramos com freqüência numa cadeira ou num carro. Elas vão nos lembrar de modo constante da força do envolvimento distanciado: a proatividade corajosa e criativa.

Deve-se no entanto enfatizar que o distanciamento nunca deve implicar retração nem fuga, nem mesmo indiferença; e que o envolvimento nunca deve implicar vício nem "prisão" – o envolvimento distanciado implica "um estado de interesse". Ele é esse equilíbrio sutil, aparentemente uma condição paradoxal, mas que nos proporciona um poder ímpar de administrar com eficácia os nossos relacionamentos, paradoxais e muitas vezes em conflito uns com os outros.

É também nesse estado que obtemos o poder e a coragem de viver com integridade e honestidade, porque então nosso pensamento e nossas motivações não ficam contaminados pela nossa mesquinhez nem pelo nosso medo dirigidos pelo ego. Além disso, nesse nível de consciência, também vivemos uma espécie de conexidade e interdependência universais que gera em nós uma autêntica e profunda compaixão por todos os nossos relacionamentos. E, por fim, essa consciência implica a presença em nós de uma energia genuína, positiva e carismática que cria ressonância em nossos relacionamentos — e a ressonância é que determina o sucesso em todos os níveis, dimensões e papéis da nossa vida.

O PAPEL DA VISÃO

Agora, para dar forma concreta à consciência proativa e criativa que podemos alcançar e cultivar por meio do envolvimento distanciado, consideremos o papel da visão em nossa vida e em nossos relacionamentos. No nível reativo, tendemos a ser impelidos pelos problemas. Contudo, nesta nossa era de mudança, de complexidade e de incerteza sempre crescentes, precisamos ser *impelidos pela visão*.

A visão é uma articulação visual [sic] do estado desejado do futuro. Dispor da força propulsora de uma visão permite que percebamos nos nossos relacionamentos antes oportunidades do que problemas ou conflitos. Uma precondição essencial para um relacionamento dotado de sentido, harmonioso e duradouro é que não somente tenhamos uma visão pessoal positiva do relacionamento, mas que essa seja uma visão partilhada — que está além dos interesses vinculados com o ego e centrados no eu, que costumam levar a conflitos. Isso significa que a nossa visão, a percepção que motiva a nossa vida, deve ser partilhada por todos os envolvidos em todo relacionamento particular, bem como sintonizada com os interesses de todos os outros relacionamentos.

> *Nesta nossa era de mudança, de complexidade e de incerteza sempre crescentes, precisamos ser impelidos pela visão.*

A PRIMAZIA DA VISÃO

Ter uma visão não nos impede de ser realistas ou práticos. Pelo contrário: uma visão é na verdade essencial em nosso mundo complexo e varrido pelo conflito. Para ser capaz de levar uma vida sensível, coerente e dinâmica nesse ambiente contemporâneo, o pensamento usual, de cunho analítico, mecanicista e reducionista, é demasiado limitado, simplista e fragmentado: precisamos cultivar um pensamento mais imaginativo, mais intuitivo e integrador que possa ser uma fonte de uma autêntica construção da visão — uma base para relacionamentos harmoniosos e duradouros.

Em outras palavras, temos de ser "pragmáticos visionários"... Isso pode parecer contraditório. Mas é essa precisamente a abordagem que precisamos cultivar. Devemos ser capazes de estender ao máximo a nossa imaginação, mas na arena do realismo prático. Precisamos ter a cabeça nos céus, mas nunca perdida nas nuvens; nossos pés devem estar sempre firmes no chão, mas nunca fincados na lama. Se a nossa cabeça está acima das nuvens, o sol está sempre brilhando ali, estaremos sempre banhados pelo "brilho do sol" — uma energia positiva, criativa, que nutre a vida! Pode haver ocasionalmente algumas nuvens ocultando o sol ou, às vezes, até trovões. Mas tudo isso está abaixo do nível do sol!

Precisamos ter a cabeça nos céus, mas nunca perdida nas nuvens; nossos pés devem estar sempre firmes no chão, mas nunca fincados na lama.

Metaforicamente, no atual contexto, o sol representa a consciência do envolvimento distanciado concretizada numa visão. As nuvens interiores são o nosso pensamento reativo do nível do ego, que "tolda" as nossas percepções, enfraquece as nossas ações e perturba os nossos relacionamentos.

Se a nossa consciência permanece além do nível do ego, além das "nuvens", em contato com o "brilho solar" perene — a nossa visão —, como ponto de referência interior constante, andamos no "chão" da nossa vida — os nossos relacionamentos — com coragem e equanimidade.

Como seres humanos, temos uma dádiva sem par da natureza: a nossa mente pode funcionar e funciona ao mesmo tempo em múltiplos níveis. Lembremos o exemplo simples de dirigir. Quando dirigimos, um nível da nossa mente se concentra na função de dirigir, enquanto outro pode estar envolvido num diálogo com alguém no carro ou pensando em outras coisas. Dirigir e fazer alguma outra coisa são duas funções realizadas simultaneamente. Do mesmo modo, um nível da nossa mente ou da nossa consciência pode permanecer em contato com a nossa consciência ampliada, ou nossa visão, enquanto outro pode se envolver nos nossos vários relacionamentos. Isso é envolvimento distanciado, que nos permite agir como pragmáticos visionários a fim de promover um equilíbrio dinâmico em nossos relacionamentos, que abrangem múltiplos níveis e múltiplas dimensões.

A SEGUNDA REVOLUÇÃO COPERNICANA

Na introdução, fez-se referência à revolução contemporânea da informação. Aquilo de que precisamos agora é de uma revolução de consciência — que pode ser considerada a segunda revolução copernicana. A primeira revolução copernicana gerou uma percepção e um entendimento mais precisos do espaço exterior, particularmente a idéia de que a Terra não é o centro do universo, mas apenas um dos planetas de um sistema solar. A segunda revolução copernicana pode gerar uma maior introvisão e consciência do nosso espaço interior.

A segunda revolução copernicana pode gerar uma maior introvisão e consciência do nosso espaço interior.

introvisão e consciência do nosso espaço interior — de que o nosso ego não é o "centro" do nosso eu, não é o nosso verdadeiro eu, mas somente uma dinâmica do nosso complexo corpo-mente-emoção. Isso nos tornaria capazes de estabelecer o nosso relacionamento, a nossa identidade, em nosso verdadeiro Eu, posicionando de outra maneira a nossa vida no contexto da realidade apropriada.

Eis a essência do envolvimento distanciado: ser autenticamente proativo e criativo no mundo "real", sem nenhuma atitude reativa de "ataque" ou de "evitação", sem fugas nem desculpas — isso nos permite adotar uma "respons-(h)abilidade" proativa, carismática e construtiva, em especial nos relacionamentos humanos.

Mais uma vez, eu gostaria de repetir, a fim de dar a ênfase merecida, o que já foi mencionado, que:

♦ ser *proativo* implica ter a força e a capacidade de escolher nossas respostas em toda situação vinculada com relacionamentos;

♦ ser *criativo* implica a capacidade de gerar diferentes respostas possíveis.

O que há de interessante a observar, e que em geral é deixado de lado, é o fato de que, nesse sentido, a verdadeira criatividade nunca pode acontecer até que você "passe ao" nível proativo da "aceitação". Antes de poder alterar alguma coisa na mente, você precisa primeiro "aceitá-la" (sem resistência, sendo "neutro") para então alterá-la. Uma das características da psique humana que de modo geral é desprezada é que tudo aquilo a que se resiste persiste.

Para esclarecer mais, continuemos com a analogia do carro. Todo carro tem uma caixa de câmbio. Há engrenagens ali que nos permitem ajustar a potência do motor e a velocidade do carro de acordo com as condições exteriores da estrada. Enquanto dirige, se quiser mudar a marcha, você tem de passar pelo ponto morto, neutro! Uma vez que esteja na posição "neutra" (proativa), você pode, e só então pode, passar à outra posição de sua escolha — você não pode mudar de marcha diretamente. O mesmo acontece com a nossa respons-(h)abilidade de tratar os nossos relacionamentos de maneira proativa e criativa — desenvolver relacionamentos em que todos ganhem, especialmente com pessoas.

Em outras palavras, para ser capazes de escolher a nossa resposta com a "força" apropriada em quaisquer interações, precisamos, em vez de reagir a alguma coisa, primeiro "aceitar", com uma atitude neutra, uma neutralidade proativa, tudo aquilo que constituir a nossa primeira experiência nessa interação. Agindo a partir desse estado proativo, que está além de quaisquer compulsões reativas, sentimos o poder de escolher a nossa resposta.

RELACIONAMENTOS EM QUE TODOS GANHAM

Nos relacionamentos, em especial nos relacionamentos humanos, particularmente em casos de conflito, o ideal que se deve buscar é cultivar uma resolução em que todos ganhem, uma sinergia criativa, e não um compromisso "meio a meio".

A abordagem comum de resolução de conflitos tem sido um compromisso "intermediário" entre interesses ou pontos de vista opostos. Ainda que isso seja melhor do que dar continuidade ao conflito, de modo geral isso resulta num acordo do tipo "ganhar-perder", ou mesmo num acordo do tipo "perder-perder": as duas partes podem ficar com alguma insatisfação com relação ao fato de terem tido de ceder alguma coisa. Por conseguinte, uma solução de compromisso costuma resultar em equilibrar igualitariamente a insatisfação! E esses acordos, sejam intrapessoais, interpessoais ou intergrupais, com muita freqüência não são solu-

Nos relacionamentos, em especial nos relacionamentos humanos, particularmente em casos de conflito, o ideal que se deve buscar é cultivar uma resolução em que todos ganhem.

ções reais para as questões básicas em conflito — costumam ser remendos *ad hoc* ou uma acomodação forçada, não sendo por conseguinte nem satisfatórios nem duradouros.

A abordagem mais autêntica e eficaz, a de sintetizar e "sinergizar" — a abordagem "em que todos ganham" — envolve a ampliação do contexto de todo conflito, o elevar-se acima da superfície ou dos problemas visíveis e a geração de um entendimento mais profundo, bem como do alinhamento dos interesses em oposição por meio do exame das possibilidades de criar uma visão compartilhada. Isso pode nem sempre ser possível, e é de fato mais difícil, em especial se os problemas estiverem fortemente matizados em termos emocionais. Mas, acredite ou não, pode-se fazer isso mais vezes do que se pensa. E é muito mais satisfatório e duradouro. O próprio esforço e o próprio processo de criação de uma visão compartilhada geram uma força e um relacionamento positivos.

Na base da maioria dos conflitos que ocorrem na interação entre pessoas, está em jogo o confronto de atitudes.

Na base da maioria dos conflitos que ocorrem na interação entre pessoas, está em jogo o confronto de atitudes. Se se puderem identificar as intenções e atitudes das partes envolvidas, e tratar delas, vai se poder ter uma melhor base para a produção de uma autêntica visão compartilhada, com base na qual se pode alcançar uma resolução em que todos ganhem. Alguns exemplos das atitudes básicas em conflito estão na Figura 13.

A abordagem comum consiste em descobrir uma solução de compromisso em algum ponto intermediário entre, por exemplo, a simpatia e a antipatia, ou entre a interferência e a indiferença. A abordagem desejável seria um panorama geral mais distanciado das questões em conflito, uma espécie de panorama da situação a partir de um helicóptero, e a percepção da verdadeira fonte do conflito — o que cada parte de fato quer, seja qual for a sua exigência apresentada na superfície. O processo de cultivo de uma visão

- ◆ Otimismo .... Pessimismo
- ◆ Dúvida .... Dogmatismo
- ◆ Animação .... Depressão
- ◆ Rebelião .... Submissão
- ◆ Autodepreciação .... Arrogância
- ◆ Fraqueza .... Violência
- ◆ Simpatia .... Antipatia
- ◆ Interferência .... Indiferença

Figura 13. Atitudes em conflito.

partilhada autêntica facilita a integração das intenções e desejos das partes em conflito e o atingimento de uma solução em que todos ganhem.

São mostrados alguns exemplos na Figura 14. Em todos eles, o que importa é que, em vez de seguir a abordagem usual de descobrir um compromisso aceitável, a busca deve ser a de "colocar-se acima" dos opostos simpatia/antipatia, animação/depressão, otimismo cego e pessimismo temeroso, ou rebelião/submissão, e a tentativa de alcançar uma síntese e uma sinergia de compreensão benevolente, serenidade, visão clara da realidade e aceitação transcendente, respectivamente.

A ênfase recai em ir além das questões de superfície e sensibilizar todas as partes envolvidas, elevar-se acima de suas estreitas posições centradas no eu e alcançar um nível superior de percepção, o da visão compartilhada, e, quem sabe, alcançar uma sinergia. Dessa perspectiva, todos os que partilham a visão estariam agindo a partir do "mesmo lado da mesa", por assim dizer, em vez de

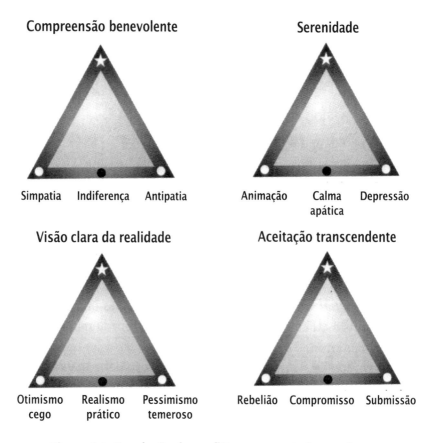

Figura 14. Resolução de conflitos em que todos ganham.

estar em lados opostos. As atitudes e relacionamentos que surgiriam como resultado disso seriam marcadas pela interdependência e pela reciprocidade, precondições de uma solução de conflito "em que todos ganham" — base de relacionamentos saudáveis e harmoniosos, autênticos e duradouros.

PERCEPÇÃO, CONEXÃO, APLICAÇÃO

Consideremos agora o nosso relacionamento básico com a própria vida. O que é a vida? Embora se componha de relacionamentos, a vida é vivida como experiência. Já vimos que a vida é experiência e que experiência não é o que acontece com você, mas o que você *pensa* que acontece com você. Vimos também que depende do seu pensamento geral sobre o que está ocorrendo, sobre o que é a realidade. E isso depende em última análise do seu nível de percepção, ou talvez devêssemos dizer de suas "lentes" de percepção.

> *Experiência não é o que acontece com você, mas o que você pensa que acontece com você.*

Se as lentes ou óculos que uso são cor-de-rosa, tudo o que eu vejo lá fora se afigurará róseo para mim. Se olho uma parede branca com essas lentes rosa, ela vai me parecer rosa; e se eu a quiser branca e mesmo que eu não pare de pintá-la de branco, enquanto a minha percepção ocorrer por meio das lentes cor-de-rosa, só vou perceber a parede como cor-de-rosa.

Todos os nossos relacionamentos, todos os laços que formamos na vida com pessoas, coisas, eventos e idéias, vão portanto depender da "cor" das nossas lentes ou dos "filtros" por meio dos quais os percebemos. A próxima pergunta seria então: "O que determina a cor das nossas lentes — os nossos filtros?" É o nível da nossa consciência, a nossa identidade pessoal, que vai determinar não só as nossas percepções e os vínculos que estabelecemos, mas também como nós as "aplicamos" em nosso comportamento real.

Se o filtro for o sentido do nosso ego, todos os nossos relacionamentos serão contaminados pela autocentração do nosso ego. Se, no entanto, mantivermos a identificação com o nosso verdadeiro "eu", e não com o "mim", como já se discutiu profundamente antes, a nossa experiência de vida, os nossos relacionamentos, as nossas percepções, os nossos vínculos e as nossas aplicações estarão no nível proativo e criativo.

Isso nos leva a considerar os nossos relacionamentos com interrogações situadas no nível existencial básico — primordialmente na dimensão das idéias. Embora haja evidentemente muitas interrogações nesse nível, as principais, como mencionamos, são: *liberdade, isolamento, morte e significado e propósito da vida.*

- ◆ **Liberdade.** A idéia que se faz do conceito de liberdade é bastante afetada pelo tipo de influências e de educação que se recebeu nos primeiros anos da vida. Como boa parte da educação contemporânea trata amplamente de fenômenos exteriores, em geral quando se pensa em "liberdade", tende-se a implicar "liberdade com relação a" alguma coisa exterior, ou "liberdade na direção de" alguma coisa exterior — um relacionamento com a idéia de liberdade que a toma como um fenômeno exterior. Todavia, no nível existencial, a essência do conceito de liberdade, de *verdadeira liberdade,* implica liberdade "interior" — liberdade do sentido egóico, do relacionamento interior, desapego do ego e envolvimento com o Eu interior proativo.

- ◆ **Isolamento.** Cada um de nós vem ao mundo sozinho e sozinho vai deixá-lo. No interlúdio entre esses dois isolamentos absolutos, há inúmeros momentos de solidão, de uma sensação de profunda solidão, de solidão "no meio da multidão", de solidão "no poder", etc. Muitas pessoas se sentem incomodadas com esses "isolamentos". Se desenvolvermos o nosso relacionamento com o nosso Eu interior e nos identificarmos com a nossa existência nesse nível de consciência, sempre nos sentiremos "conectados" e "relacionados" com tudo e todos os que nos cercam. Não haverá solidão, somente relacionamentos.

♦ **Morte.** Trata-se da única certeza que temos na vida — uma gravidade inalterável. Ainda assim, por mais inteligentes que possamos ser, a maioria de nós não gosta de pensar nisso, muito menos de falar sobre isso, e menos ainda de planejar ou levar a vida no contexto da morte, com uma compreensão adequada do nosso relacionamento com ela.

Na verdade, a maioria de nós tem um profundo medo da morte e "morre" um pouquinho cada vez que pensa nela! Para sentir o verdadeiro poder do estar vivo, temos de definir e aprimorar o nosso relacionamento com a morte.

Há muitos conceitos e sistemas de crenças que abordam a morte. Num dos extremos do espectro de várias crenças, a maioria das pessoas crê que a morte é um ponto terminal na nossa vida. O diálogo interior é "eu morro, mas o mundo continua", e há tristeza e depressão; a morte é motivo de pesar.

No outro extremo do espectro, há pessoas que crêem que a morte não é um ponto terminal, mas um estágio de transformação. O que morre é o "mim", não o "eu" — meu eu egóico, meu corpo, morre. Há continuidade em outra "forma". É um novo começo. Aquilo que a lagarta chama de morte, descrevemos como borboleta. No nível humano, não morremos; apenas mudamos de "endereço cósmico"! Nesse caso, o diálogo interior é "o mundo morre, mas eu continuo"; a morte é motivo de celebração.

> *No nível humano, não morremos; apenas mudamos de "endereço cósmico"!*

Há também vários outros sistemas de crenças sobre a morte situados entre esses extremos. Temos de escolher a crença que julgarmos mais adequada ou aceitável, e nos relacionar com a morte de acordo com ela. Uma coisa é certa: como quer que nos relacionemos com a morte, nunca poderemos evitá-la ou fugir dela preocupando-nos com ela. Com efeito, se nos preocuparmos demais com a morte, é até provável que a convidemos mais cedo! Repetindo, podemos e devemos tentar tudo o que for necessário para adiar a morte e torná-la o menos dolorosa possível, por meio de uma vida apropriada: proativa e criativamente — gozando a vida enquanto ganhamos a vida.

♦ **Significado.** Nenhum de nós foi consultado, antes de chegar a este planeta, sobre se queria chegar a ele neste momento! Simplesmente chegamos e, num belo dia, damos aqui o ar da nossa graça. E ninguém, de fato, nos explicou "por que" estamos aqui nesta vida. Ou que diferença faria para o "universo", se houver alguma, o fato de não estarmos aqui. A ciência e a tecnologia têm explicado muitos fenômenos, mas ainda não nos explicaram o significado e o propósito da vida. Claro que há várias filosofias e religiões, muitas idéias e "histórias" sobre isso, e tem-se de escolher entre elas. Antigamente, qualquer que fosse a escolha feita, a pessoa se relacionava com o seu caminho e o seguia com muito mais fé do que a maioria das pessoas o pode fazer hoje em conseqüência dos avanços da educação e do pensamento científico modernos. Por conseguinte, hoje, especialmente entre os mais jovens, há uma evidente falta de "fé" interior ou "âncora" exterior sólidas. E isso parece ter resultado no enfraquecimento, ou mesmo, em alguns casos, na ausência de qualquer relacionamento forte ou profundo com quaisquer idéias sobre o significado e o propósito da vida.

Parece portanto que, em geral, há um enfraquecimento sensível do compromisso com qualquer idéia existencial específica ou com qualquer sentido específico de compromisso com qualquer ideologia, instituição, ou talvez mesmo religião ou com um claro sistema de valores. Em conseqüência, os relacionamentos ficam de fato mais fracos, o que gera uma tendência à superficialidade na vida — uma espécie de falta de sentido.

Para compreender essas questões tão fundamentais dos relacionamentos, e para superar a crescente apatia no tocante a ter relacionamentos mais profundos, especialmente entre a população mais jovem, temos de considerar as percepções e visões básicas da realidade.

SALTO QUÂNTICO PARA UMA NOVA VISÃO

Como foi mencionado na Parte Um, no campo da física há duas concepções diferentes do universo: o modelo cartesiano-newtoniano e o modelo quântico relativista. Reexaminemos esses conceitos num nível mais profundo.

O primeiro modelo, que se baseia na física clássica, descreve o universo como uma supermáquina gigantesca, governada por uma cadeia linear de causas e efeitos. Trata-se de um complexo sistema mecânico de partículas discretas e objetos separados em interação, e os blocos básicos de construção da matéria são os átomos, que são matéria sólida — e todos os átomos são separados uns dos outros.

Além disso, de acordo com esse modo de ver as coisas, o universo existe objetivamente numa forma perceptível e mensurável pelo observador humano. Ele descreve o universo a partir de um modelo mecanicista e determinista, como um relógio. E considera a matéria algo sólido, inerte, passivo e inconsciente.

O modelo cartesiano-newtoniano acredita numa dicotomia que separa mente e matéria. O espaço é tridimensional e homogêneo. O tempo é unidimensional e linear, e se move seqüencialmente do passado para o presente e deste para o futuro.

Esse tipo de pensamento levou à mentalidade analítica, mecanicista, determinista e reducionista, gerando a noção de separatividade.

Na concepção quântica da física subatômica, a mecânica quântica, quando se faz a fissão do átomo, encontram-se elétrons, prótons, nêutrons; quando se faz a fissão destes, encontram-se quarks; a fissão dos quarks produz cordas; estas, quando cindidas, geram supercordas. Para além disso, no nosso atual estágio de conhecimento, encontra-se apenas uma complexa teia de relacionamentos ou de campos energéticos ou ondas ou de padrões de energia. Nessa concepção, todo o universo está interligado.

Esse modelo quântico relativista descreve portanto o universo como uma teia complexa e hierárquica de inter-relacionamentos. Os blocos de construção fundamentais são partículas e níveis de energia (quanta) subatômicos, que exibem as qualidades alternativas de matéria ou de energia, a depender da maneira como são percebidos.

Você pode perceber a realidade como algo que consiste quer em partículas, quer em ondas (ondículas). A luz pode ser percebida como partícula ou como onda. Vários objetos que se vêem ao redor podem em conseqüência ser percebidos como formações de partículas/matéria ou como uma teia de padrões de energia interligados. Nesse modelo, o mundo da substância é substituído pelo mundo do processo ou dos relacionamentos. Em outras palavras, o universo é percebido antes como um sistema de pensamento do que como uma máquina. O arco-íris é um objeto? Ele existe apenas por causa dos relacionamentos contextuais espaço-tempo peculiares que unem a chuva, o sol e você. Nesse sentido, você cria ou facilita o arco-íris.

> *Você pode perceber a realidade como algo que consiste quer em partículas quer em ondas.*

Assim, num dado nível, as coisas são separadas. Porém, num nível mais profundo, elas estão interligadas. Para usar um exemplo bem simplista, os dedos da sua mão parecem separados uns dos outros se vistos de um certo nível. Mas, se estendermos nossa visão num nível mais profundo e pudermos ver toda a mão, vamos descobrir que, na realidade, os dedos são todos ligados entre si e todos advêm ou são parte da mesma fonte.

O mundo da substância é substituído pelo mundo do processo ou dos relacionamentos.

Usando outra analogia para ajudar a esclarecer esse conceito: se olharmos as várias lâmpadas que podem estar fixadas numa sala, no teto e nas paredes, vamos perceber que todas parecem entidades separadas que têm "corpos", voltagens e filamentos separados, podem ter diferentes cores e assim por diante. Mas quando elas estão acesas, a eletricidade, ou energia, que manifestam é diferente? Mais uma vez, trata-se da mesma fonte e, num certo sentido, todas as lâmpadas estão ligadas, inter-relacionadas entre si, na fonte.

Nessa visão de mundo sistêmica, vemo-nos como uma complexa rede de relacionamentos ou padrões. Esses relacionamentos se estendem para fora de nós e incluem outras pessoas e, em última análise, o todo da humanidade e do nosso ambiente. A realidade última é uma complexa teia de inter-relacionamentos e campos de energia. Mas há também o nível de superfície: partículas/matéria perceptíveis pelos sentidos humanos. A realidade pode ser percebida em ambos os níveis.

Em conseqüência, com base na visão mecanicista cartesiana, você se veria a si mesmo como uma entidade encapsulada na pele, formada pelos subsistemas do esqueleto, dos músculos e neurológico e outros. Com base na visão quântica da realidade, você veria a si mesmo como uma complexa rede de inter-relacionamentos, padrões de energia ou de onda ou simplesmente como alguma espécie de ordem ou consciência.

A METÁFORA DO RIO

Em outras palavras, para compreender, administrar e aprofundar os nossos relacionamentos, tanto no âmbito da nossa dinâmica interior como na dinâmica exterior das pessoas, das coisas, dos eventos e das idéias, precisamos ter em mente uma metáfora simples, a do rio.

Nós, e a nossa vida, somos como um rio: entende-se como rio tanto uma superfície de água como os contornos de terra dos bancos e as estruturas profundas que estão em sua parte inferior. Você nunca pode pisar duas vezes no mesmo rio fluente. Do mesmo modo, não podemos nos ver a nós mesmos duas vezes como de fato somos; também nós nos alteramos, evoluímos constantemente. Além disso, o rio pode nunca manter ao seu redor as mesmas paisagens até acabar fundindo-se eventualmente com o oceano. De igual forma, jamais podemos ter ao nosso redor, de maneira constante, as mesmas circunstâncias nem os mesmos relacionamentos. Logo, no tocante à administração e ao aprofundamento dos nossos relacionamentos, temos de estar ativos e alertas quanto às constantes mudanças que ocorrem em nosso interior e ao nosso redor. Essa é a essência da dinâmica dos relacionamentos.

Se quisermos alterar a direção e o fluxo da água do rio, precisamos modificar os contornos de terra e as estruturas profundas do seu leito. O fluxo, o comportamento, da superfície aquosa depende por inteiro dessas estruturas profundas.

De modo semelhante, se quisermos fazer uma diferença em nossa vida, em nossos relacionamentos, em nosso comportamento, temos necessidade de nos concentrar em nossas "estruturas profundas", em nossas forças motrizes interiores, e de alterá-las. Essas estruturas podem ser desvendadas, "descobertas" e administradas por meio de um nível de consciência superior, através do envolvimento distanciado como antes foi descrito. A tentativa de modificar o nosso comportamento e de aprofundar os nossos relacionamentos sem alterar as nossas estruturas profundas, a nossa identidade pessoal, não será nem autêntica nem duradoura.

Se quiser mudar o que faz, você tem de mudar o que é!

Tentar fazer mais a mesma coisa no nível da superfície, ou mesmo fazer melhor a mesma coisa, e esperar algum resultado nos nossos relacionamentos, é considerado pelos psicólogos uma forma de loucura! Se se vir dentro de um buraco, o mínimo que você tem de fazer é parar de cavar! Se quiser mudar o que faz, você tem de mudar o que é!

Para fazer uma diferença, temos de nos tornar essa diferença!

Transforme-se na mudança que você deseja criar.